童话里隐藏的
世界史

[韩]朴信英 著　蔡佩君 译

백마 탄 왕자들은 왜 그렇게 떠돌아다닐까 © 2019 by Park Sin Yung
All rights reserved
Translation rights arranged by Bartleby Publishing
through Shinwon Agency Co., Korea and CA-LINK International LLC
Simplified Chinese Translation Copyright © 2021 by Chongqing Publishing & Media Co., Ltd.

版贸核渝字(2020)第096号

图书在版编目(CIP)数据

童话里隐藏的世界史 / (韩) 朴信英著 ; 蔡佩君译. —
重庆: 重庆出版社, 2021.3
ISBN 978-7-229-15401-1

Ⅰ.①童… Ⅱ.①朴… ②蔡… Ⅲ.①世界史—通俗读物　Ⅳ.①K109

中国版本图书馆CIP数据核字(2020)第214138号

童话里隐藏的世界史
TONGHUA LI YINCANG DE SHIJIESHI
〔韩〕朴信英　著　蔡佩君　译

丛书策划:刘　嘉　李　子
责任编辑:李　子　陈劲杉
责任校对:杨　婧
封面设计:何海林
版式设计:侯　建

重庆出版集团　出版
重庆出版社

重庆市南岸区南滨路162号1幢　邮政编码:400061　http://www.cqph.com
重庆一诺印务有限公司印刷
重庆出版集团图书发行有限公司发行
E-MAIL:fxchu@cqph.com　邮购电话:023-61520546
全国新华书店经销

开本:890mm×1240mm　1/32　印张:8.25　字数:236千
2021年3月第1版　2021年3月第1次印刷
ISBN 978-7-229-15401-1
定价:55.00元

如有印装质量问题,请向本集团图书发行有限公司调换:023-61520678

版权所有　侵权必究

目录

推荐序 探险吧！一起到童话里找真相 | 朴弦熙 /001
自 序 从童话中，我看见世界与历史 /001

第一部
狼人、巫婆与坏王后，反派角色的历史真相 /001

总是到处乱晃的白马王子 /002
- 白马王子是中世纪的流浪王子？ /003
- 善战，才能赢得美人与国家 /005
- 不想失业？就想办法和公主结婚吧！ /006

黑森林里的狼人、巫婆与恐惧 /010
- 为什么黑暗的民间故事越变越善良？ /11
- 中世纪人们的恐惧——黑森林 /013
- 被流放的狼人与巫婆 /015

吹笛子的男人与消失的儿童去哪儿了？ /019
- 真实世界里的魔笛手与消失的一百三十名儿童 /020
- 吹笛人变奏曲中16世纪的战争与背叛 /022
- 逃避现实的笛声，让孩子们走上街头 /024

安妮的红发、巫女与种族歧视 /027

·偏见来自于头发 /029　　·发色中藏着种族歧视与迫害 /030
·20 世纪 60 年代女性解放的方法 /032

魔镜啊魔镜，世界上最美的女人是谁？ /037

·中世纪欧洲神秘又有魔力的镜子 /038　　·王后与公主的自我价值是青春？ /040
·国王的婚姻是精密的政治计算 /042　　·王后外貌与生存息息相关？ /043

威尼斯商人——可怜的邪恶角色夏洛克 /047

·英国文豪笔下的反犹太主义 /049　　·懂得分散投资的威尼斯商人 /051
·犹太人面对的双重标准与迫害 /052

第二部
英雄的重生，是利益，是秘密，还是爱情？ /057

不死的英雄——罗宾汉 /058

·入侵！英雄诞生的前奏 /059　　·"征服者威廉"统治下的民怨 /061
·因时代而进化的罗宾汉与对手 /064

罗密欧与朱丽叶的浪漫抗争 /067

·为何 13 世纪的意大利是一盘散沙？ /068
·通过"流放罪"看中世纪城市的特殊结构 /069
·以爱情对抗社会、阶级与派别 /071

钟楼怪人的爱情如何瓦解身份阶级？ /074
- 中世纪身份阶级至此瓦解？ /076
- 路易十一的权力与义务 /077
- 来自社会动荡的猎巫行动 /078

无法停止的抗战——法国英雄圣女贞德 /081
- 超过百年的战争，助长爱国心与民主 /082
- 依个人利益而定的圣女与女巫 /083
- 从圣女到灭口，无法言谈的真相 /086
- 每个时代下死而复生的圣女贞德 /087

罗马尼亚的民族英雄——吸血鬼德古拉伯爵 /092
- 历史英雄与吸血鬼传说 /093
- 维多利亚时代的吸血鬼热潮 /095
- 从地图上一窥德古拉的历史据点 /097
- 外貌里暗藏的恐惧与认知 /098

真正的骑士精神，疯狂的唐·吉诃德 /102
- 追求梦想的中年冒险 /103
- 变质的骑士精神 /104
- 谁才是真正的骑士？ /107

义气、历史、冲突——不朽的三剑客 /110
- 红衣主教黎塞留与安妮王后的历史矛盾 /112
- 无法使用枪的火枪手 /113
- 加斯科涅的偏见与敏感的达达尼昂 /114
- 邀请决斗？掷出你的手套吧！ /115

炼金术造英雄——哈利·波特的成长 /118
- 哈利·波特和你我的成长故事 /119
- 贯通系列故事的炼金术原理 /121
- 神话故事已过时，英雄该如何改变？ /123
- 英雄的另一个自我 /125

第三部
从故事中萌芽的革命，与现代呼应的历史 /129

美丽又批判的残酷红舞鞋 /130
- 残忍至极的童话 /131
- 宗教改革与朴实虔诚的清教徒 /132
- 红鞋子背后的含义 /134

暗藏讽刺封建政治的王子与贫儿 /138
- 暗藏伟大政治讯息的冒险小说 /139
- 问题根源来自于宗教 /140
- 亨利八世与六名妻子 /142
- 都铎王朝的信仰、婚姻与宗教政策 /143
- 美国作家笔下讽刺的英国社会 /145

看小公子西迪化解英国与美国的偏见 /150
- 文化偏见带来的误解 /152
- 英国与美国的爱恨情仇 /153

深陷巴士底监狱的莎拉公主 /158
- 在历史中看见跨越障碍的智慧 /159
- "巴士底监狱"背后的意义 /161
- 成为落难王后的莎拉 /162

革命、路障与下水道交织的悲惨世界 /167
- 悲惨的人们与耀眼的人性 /168
- 以路障唱出人民的权利 /170
- 走进巴黎下水道，重回悲惨世界 /171

19世纪意大利的心脏——爱的教育 /175
- 书名的"心"代表什么？ /176
- 不断出现的意大利统一教育 /177
- 19世纪意大利统一运动的性质 /179
- 现在仍无法停止的"爱的教育" /181

第四部
诡谲的童话故事，透露出不可忽视的秘密 /185

最后一课，是谎言还是民族？ /186
- 最后一课的误会 /187
- 普法战争——德法纷争的起点 /188
- 德法两国的必争之地——阿尔萨斯与洛林 /189
- 世界上最优美的语言 /192

人面巨石下的美国建国真相 /195
- 从小说人物看美国建国历史 /198
- 朝圣者之父的真相 /200

现代寻母记，不断上演的悲歌 /205
- 1866 年，意大利人为何举家前往阿根廷？ /206
- 只能吃玉米的意大利农民 /208
- 从未停止寻找母亲的"现代马可" /209

龙龙与忠狗的眼泪 /212
- "佛兰德斯"到底属于哪个国家？ /213
- 无法摆脱的贫富差距 /215
- 宗教战争让画家生意不断 /216

安妮日记：纸比人更有耐心！ /222
- 震撼世界的少女日记 /223
- 历史真相带来的反思 /226

我亲爱的甜橙树，流淌贫穷的血泪 /230
- 压榨与奴役，解不开的贫穷 /232
- 五百年前统治者留下的困境 /234
- 拉丁美洲唯一使用葡萄牙语的国家 /236

白鸽、许愿树、精灵和玻璃鞋——来自世界的灰姑娘　/239

・灰姑娘存在的真意 /241　　・从毛皮鞋变玻璃鞋的金发少女 /244

・找出散落世界的灰姑娘 /246

| 推 | 荐 | 序 |

探险吧!一起到童话里找真相

朴弦熙(韩国秃山高中教师)

充满好奇心的人总纠结于别人觉得平凡无奇、索然无味、理所当然的问题,他们无法对问题视若无睹,总是不停提问:"真的吗?""为什么?""是谁?""原因是?""结果是?"

好奇心促使他们放弃平淡人生。这是一种与生俱来的能力,也许你可以称他们为"疑问种族",而作者朴信英正是其一。

作者挑出的三十几篇故事,都是我们熟悉的内容。

有些故事我们看过完整的原著(很少),有些我们读过简编版,有些我们看过电影、音乐剧,有些被迪士尼重新诠释,有些则由日本吉卜力工作室改编。因此,即使没有看过故事,读者对内容也一定略有所知。

作者丢出许多读者从未思考过的问题,与读者一同展开一场寻找答案的冒险。这场冒险虽然艰辛,却也为我们带来许多意想不到的答案。书中将故事脉络完整地呈现在读者面前,以美丽的童话故事与世界名著带领我们重返童年。

我们从没想过公主与王子原来也存在于某段真实历史与社会背景之中，他们也要生活，也有欲望，也得选择。

《睡美人》（*La Belle au Bois Dormant*）与《白雪公主》（*Schnne Wittchen*）里那些"路过的王子"，为什么四处流浪漂泊？光看题目就让我爱不释手。一位王子经过叫偶然，但这么多故事中都有王子经过，又有这么多王子救了公主，从此过着幸福快乐的生活，我相信这绝不是偶然。作者解释了当时欧洲的社会背景，带给读者具体且具有说服力的答案。

通过《王子与贫儿》（*The Prince and the Pauper*），我们认识了圈地运动（*Enclosure*，把公有地以藩篱圈起，标示为私人土地之运动）；通过《小公子》（*Little LordFauntleroy*），我们理解到英国贵族与美国商人间错综复杂的敌意;《绿山墙的安妮》（*Anne of Green Gables*，又译《红发安妮》）的"红色头发"，能让我们感受到当年日耳曼族驱逐凯尔特人后对红色头发持有的偏见。

这本书总让我欲罢不能，仿佛孩子一口接一口地吃着饼干一般，担心哪一天会吃完，想留些明天继续，但手却像伸进了饼干桶般不听使唤，一页接着一页，最后不小心一口气全部看完了。

不过没关系，我打算再看一次，而且作者说她还有好多想写的故事，我对下一次的阅读已经迫不及待了！

| 自 | 序 |

从童话中,我看见世界与历史

我的人生从韩国启蒙社出版的《世界名著童话全集》开始。至今只要看到那五十本红色封面的书,按照国家与地区整齐罗列在书架上,我仍会激动不已。

回想当时,比起童话故事的剧情,我更好奇故事的历史背景:《佛兰德斯之犬》(*A Dog of Flanders*,日本动画公司翻拍为《龙龙与忠狗》)的阿忠,到底是哪个国家的狗?《罗密欧与朱丽叶》(*Romeo and Juliet*)的城市为什么会发生战争?为什么《奥尔良的姑娘》(*Die Jungfrau von Orleans*)中,圣女贞德一会儿被称作圣女,一会儿又被称作巫女?《小公主》(*A Little Princess*)里的法国大革命史中,那位"卡佩遗孀"究竟是谁?

童话里有太多未知的事物。

长大后,我通过自行阅读寻找儿时疑惑的解答,对此,我备感幸福。

虽说历经时代考验,流传至今的名著早已穿越空间与时间,不仅普及化，而且内容也更动人、更具寓意。不过，我相信对该时代历史背景的了解，能够为故事锦上添花，尤其像我这般通过童话认识世界之人，更是如此。

其实每个故事都隐含着历史与文化，能够进而影响下一代的世界观、价值观，而这就是我希望传达给读者的信息。

许多人看到历史就不寒而栗，联想到的皆是默背年代、人名、事件发生顺序。在此，我想由童话带领读者们一同探索故事背景，告诉大家历史也能变得生动有趣，希望借此改变大众对历史的偏见。

也许你会问："几百年前发生的事，对现在的我们有什么帮助呢？"事实上，历史非常有用！历史能让我们看清现阶段的利害关系，摆脱盘根错节的现况。因此，选举时，候选人的历史认知往往是瞩目焦点，而国与国发生冲突之际，双方政治人物的发言更是受到举世瞩目。

这本书的完成要感谢很多人：感谢我的人生导师、家人、笔友，还要感谢出版社的编辑们，愿意信任新人作家，帮助我顺利出版，感激不尽。由于篇幅限制，无法收录亚洲，尤其是韩国的童话故事，但我相信必定还有机会。

我不过是个经常幻想自己出书、喜欢阅读与写作的普通人，从未想到会有这么多的朋友为我的第一部作品加油打气。我爱你们，希望你们能继续支持我。我还有很多未说完的故事。

第一部

狼人、巫婆与坏王后,反派角色的历史真相

总是到处乱晃的白马王子

夏尔·佩罗[1]
——《睡美人》（*La Belle au Bois Dormant*）

格林兄弟[2]
——《白雪公主》（*Schneewittchen*）

瑞典民间故事
——《玻璃山上的公主》（*The Princess on the Glass Hill*）

亨利·梅内尔·瑞姆绘制的睡美人图一幅

每当看着公主、王子在历经波折后共结连理的童话故事，儿时的我总会想："原来欧洲不仅有很多国家，还有许多公主与王子。"王子为什么总是这么容易爱上公主？一个国家的王子成天跑到其他国家闲逛，难道不要紧吗？

光是《睡美人》中，就有不少王子为了进入城堡不惜翻过火墙、越过荆棘，但这些"王子"到底是从哪儿来的？《白雪公主》中骑着骏马的王子，又是怎么恰巧遇上吃了毒苹果而昏睡在玻璃棺里的白雪公主，甚至吻了她的？

王子们为何不坚守在自己的国度，反而穿梭于森林之中呢？

白马王子是中世纪的流浪王子？

以前的欧洲与现在不同，是由许多小国组合而成的。举例来说，三十年战争[3]结束之后，1648年的德国，便有三百多个小的邦国。

而中世纪欧洲并非只有"王"才能统治国家，贵族和骑士同样可以成为地方领主，统治自己的领土。封建社会中，根据统治者的阶层不同，其领地也各有不同的名称，国王统治的就称作"王国"，公爵统治的称为"公国"，伯爵统治的则称为"伯国"。因此，统治者的儿女全都是王子和公主。

对于小国来说，继承者太多也是个问题。如果把领土划分给每个继承者，国力就会相对减弱，因此国家里只有一位王子能够继承王位，其他王子则必须想办法开拓自己的人生。

"手心手背都是肉。"这是亘古不变的道理。身为父母的国王与王后当然也会担心其他王子的未来,还会替他们安排圣职工作。为什么会选择圣职工作呢?这是由于当年的枢机[4]和大主教可以拥有领土,收入通常维持在一定水准之上,坦白说,就等同于贵族。

正因如此,"卡诺莎之行"[5]中,皇室子弟和教皇才会因圣职人员的任命权而正面交锋。在不少贵族父母都想帮儿女安排圣职的情况下,握有圣职任命权者能够在经济上获得不少好处。此外,因圣职人员不得世袭的规定,待在位之圣职人员离世后,握有任命权者还可将其职缺重新拍卖,以此永续经营。在当时,相当于现在德国、奥地利、捷克的领土的高阶圣职人员,同时也兼任神圣罗马帝国的高阶官僚。教皇基于政治因素,亟欲掌控其任命权。

还有一部分厌倦宗教生活的王子,以其叱咤风云的武力,被其他的大国雇为佣兵队队长,靠着实力占领濒临崩溃的国家,成为地方领主。

但其实还有最快、最安全的方法,就是和邻国即将继承王位的公主通婚。既然无法成为继承王国的长男,那就靠着婚姻获得属于自己的王国。为了找到条件优质的公主,王子们会前往邻国的皇宫上演甜蜜求婚记,或是展现自己英勇威武的神态。如果无法遇上年轻貌美的公主,也会向富有的贵族寡妇求婚。

除此之外,中世纪骑士修炼的方法之一便是体验"流浪骑士"的生活,这成为王子们在外漂泊的另一项原因。身为骑士之子,到达一定年纪后,就会因修炼而离开父王的城堡,成为其他骑士手下的侍从。

等到修炼至一定的成果,他们会展开冒险旅程。当然,他们不像小说中的骑士那样需要与巨龙厮杀、与邪恶法师战斗,现实中的他们是靠着参加骑马比赛来获取奖金,或是参与战争来获得战利品。总括来说,他们的目的就是——讨生活。

背井离乡在外面寻求婚姻的骑士候选人中,找不到合适对象的人不在少数,花了三十年才找到合适人选的情况也屡见不鲜。中世纪的骑士们直到中年才与年轻貌美的少女结婚,绝对事出有因。

童话故事中流浪的王子,其实就是身为次子或三儿子的王子们,在流浪骑士的生涯中,寻找着自己的另一半。

善战,才能赢得美人与国家

相反,只有独生公主的王国,情况又是如何呢?让我们从瑞典民间故事《玻璃山上的公主》来一探究竟吧!

很久以前,有一位国王外出打猎时,抓了一位小矮人回来,把他囚禁在监狱里。某次国王出征打仗,他嘱咐下属看紧小矮人,不能让他逃跑。没想到,王子却放走了小矮人。回到王国的国王勃然大怒,下令要杀死王子。不过在臣子们的帮助下,王子幸运地逃过死劫。逃走后的王子,到了一个只有独生公主的国家,在当地成为牧牛人。公主长大后，该国国王为寻找合适的准女婿，举办了比武大会。王子在小矮人的报答与帮助下，参加了比武大会。

比武大会的任务是骑着马登上陡峭的玻璃山山顶，拿到公主手上的那颗黄金苹果。

最后，牧牛人王子完成任务，与公主成婚，从此过着幸福快乐的日子。

在工业革命以前，除了农业以外，没有太多其余的产业，因此确保农耕领土及农耕者，是保全国家最重要的大事。此外，掠夺战利品则是另一项普遍的经济活动。在战争频仍的情况下，国王只能带领骑士们荷枪实弹地参与实战，因此对于只有独生公主的王国而言，缺少了继位的王子便代表军队将无人领导，国家就会受到邻国的威胁，所以拥有一位战力强大的女婿非常重要。

正因如此，他们通常会举办比武大会，找出报名者中最勇猛的骑士与公主结婚。像故事中这种充满戏剧性的情况并不常见，现实情况大多是在周全的政治计算下，达成最完美的政治通婚。

不想失业？就想办法和公主结婚吧！

小矮人抓着王子的手，走向一个地洞。地洞的尽头有一件银制的盔甲，盔甲旁有一匹雪白的马，它佩戴着银制的马蹄，呼出一口口的白气，连背上的马鞍都早已备上。

小矮人开口了:"好了,快点准备出发吧!相信命运。这段时间我会替你看着牛群。"

这个场面非常重要!这些在外东转西晃的王子,大多都是因"相信命运",被祖国驱赶而离乡背井的年轻骑士,手边几乎没有任何遗产。面临将来可能会失业的他们,生存法则中最佳的方法就是与邻国的独生公主结婚,继承岳父家的王国,成为共同统治者。

王子们想要让公主对他一见钟情,就必须具备三寸不烂之舌、良好的绅士礼仪,甚至要将骑士精神修炼得浑然天成。就算躺在玻璃棺材中的白雪公主不是他们的菜,比他老一百岁的睡美人已经一百年没刷牙,他们还是要强忍着与其接吻。听起来很可怜吧?不过,这就是少女们幻想中的"白马王子"的真实处境。

注释

[1] 夏尔·佩罗(1628—1703年),法国诗人、作家,是法国文坛革新派的代表,他从民间故事里发掘文学创作的源泉,收集、整理了不少童话故事,作品有《穿靴子的猫》(*Le Maître chat*)、《灰姑娘》(*Cinderella*)等。

[2] 格林兄弟是指德国著名童话收集家雅各布·格林(1785—1863年)以及其弟威廉·格林(1786—1859年)。

[3] 发生于 1618—1648 年,由神圣罗马帝国的内战演变成全欧洲参与的大规模国际战争。

[4] 天主教会神职人员中仅次于教皇(教宗)的职位。

[5] 1075 年,当时的教皇试图改革神职人员的任命权,却遭到神圣罗马帝国皇帝亨利四世的镇压,教皇于是联合德国其他诸侯罢黜亨利四世,除非亨利四世悔过。为免事态扩大,亨利四世在 1077 年冒着风雪与严寒前往意大利北部的卡诺莎城堡,向教皇"忏悔罪过"。因此后世会用"卡诺莎之行"来形容忏悔,有不愿或被迫之意。

[6] 唐璜,西班牙传说中的人物。

[7] 卡萨诺瓦(1725—1798 年),意大利冒险家、作家、风流才子。

找不到白马王子的公主怎么办？

经济情况不好、公主又较多的国家，很难在公主出嫁前为她们准备好嫁妆。为了国家安全着想，通常只会把巨额的嫁妆投资在长女身上，让她与同盟国的王子或国王进行政治联姻。至于其他公主，大部分会被送去修女院度过余生。

公主们是不被允许门不当、户不对的婚姻的，无法与平民自由恋爱、共结连理。送其他公主至修女院的好处，除了国家不必为筹措嫁妆伤透脑筋外，另一方面也能杜绝未来的女婿与外孙争夺继承权，进而危害国家安危。

在《美人鱼》（*Den Lille Havfrue*）一书中，与王子结婚的邻国公主，原本也是逃不掉在修女院度过余生的宿命。然而幸运的她，刚好遇见被美人鱼救上岸的王子，因而有机会离开修女院。

欧洲有许多关于修女堕落的故事，例如花花公子唐璜[6]、卡萨诺瓦[7]与修女间的丑闻。但严格说来，她们并不是堕落的修女，而是被强迫而牺牲的女孩。

黑森林里的狼人、巫婆与恐惧

夏尔·佩罗
——《小红帽》（*Le Petit Chaperon Rouge*）

格林兄弟
——《小红帽》（*Ratkäppchen*）、
《糖果屋》（*Hansel and Gretel*）

小红帽——古斯塔夫·多雷绘

《小红帽》的版本非常多，事实上它并没有确切的作者，只是一则从很早以前流传下来的民间故事。从文献记录来看，《小红帽》最早的版本是由法国作家夏尔·佩罗收录在《佩罗童话全集》中的版本。其内容如下：

> 很久以前，有一位常常戴着红色帽子的女孩，被取名为"小红帽"。有一天，小红帽要去探望生病的奶奶，却在途中遇见了大野狼，还不小心告诉了大野狼奶奶家的位置。大野狼赶在小红帽抵达之前找到奶奶家，并把奶奶吃掉，再伪装成生病的奶奶躺在床上，最后把小红帽也吃掉了。

为什么黑暗的民间故事越变越善良？

夏尔·佩罗版的结局比我们后来所见的版本更加悲惨，让我们能够从中推测《小红帽》最原始的样貌。在夏尔·佩罗之后，德国的格林兄弟修改了《小红帽》的结局，并将其重新收录：

> 很久以前，有一位头戴红巾、身披红斗篷的女孩，独自前往住在森林里的奶奶家探病。她在路途中遇上了大野狼，大野狼在小红帽之前，抢先赶到奶奶家中把奶奶吃掉，再伪装成奶奶等着小红帽的到来。小红帽到了

之后，大野狼假装寒暄几句，就把小红帽也吞掉了。后来猎人出现，抓到了大野狼，剖开它的肚子，救出了小红帽与奶奶。

事实上，在1812年发行的初版中，出场的并不是大野狼，而是强暴了小红帽的狼人。与而后的其他众多版本相较，《格林童话全集》初期的版本是最接近口传故事的版本。然而在读者强烈批评此为不良教育的声浪下，再版与增订版中的内容不断地被修改。再版的版本中，把狼人改成大野狼，并删除了性侵害的桥段。

受到《狼和七只小山羊》（Der Wolf und die sieben jungen Geißlein）的影响，另有将大野狼的肚子填满石头丢到河里的版本。

接下来，我们看看《糖果屋》吧！

汉森和格雷与贫穷的猎人父亲和继母住在一起。有一天，家里没有东西吃了，继母要父亲把孩子丢到森林里。孩子们在被遗弃的路上，用许多白色小石子做了记号，找到了回家的路。

但继母再次计划要将他们弃养，这次小兄妹改用面包屑代替小石子做记号，可是面包屑却被鸟儿吃掉了，完全找不到回家的路。迷路的小兄妹在森林中发现了一间用面包、糖果、饼干盖成的房子，但房子的主人是一个会吃小孩的巫婆。他们俩用智慧赶走了巫婆，最后带着珠宝离开。回到家中，他们发现继母早已离世，他们则跟父亲一起过着幸福快乐的日子。

这篇故事的原版与后来的版本并不同，在原版中丢掉孩子的并不是继母，而是亲生母亲。中世纪欧洲遇上荒年，在粮食不足的情形下，人们对于把婴儿杀死或将幼儿丢弃的现象见怪不怪，因此原版里抛弃孩子的人理所当然是生母。然而到了现代，却转变成坏继母唆使善良的父亲抛弃孩子，为的是避开道德上的责难。

比较各种版本的民间故事改编而成的童话，可以发现越后期的版本，内容中关于暴力、性、不伦的部分越会大量地被修改，越来越趋向于"童话故事"。如果想通过童话来了解历史，就必须跳脱我们熟知的故事框架，回到美化以前的粗糙、原生的版本。

虽然民间故事并不代表历史，但通过未被加工过的故事，可以了解其中隐含的当代社会背景与文化。如《小红帽》与《糖果屋》的原版故事中，也反映出了中世纪欧洲当时的风貌。

为什么村外就是绿意盎然、容易让人走失的森林？为什么狼或狼人总是在森林里四处游走？为什么森林里住着巫婆？在充满巫婆与狼人的森林中，小红帽的奶奶明明身体虚弱，又为何独自留守于此？让我们一起进入到阴森森的中世纪森林里一探究竟吧！

中世纪人们的恐惧——黑森林

黑森林（德国最大的森林山脉）是指位于德国南部的巴登 - 符腾堡州的森林及山区，由于草木过于茂盛，就算白天，阳光也照不进来，因此才被称为黑森林。

以黑森林为背景的民间故事，大部分口头流传于黑森林横跨的地区——德国、法国、瑞士。因此，法国的夏尔·佩罗和德国的格林兄弟才会都收录了内容相同的小红帽故事。

而《糖果屋》中的黑森林则位于弗莱堡。这片森林曾让公元前 56 年远征高卢的凯撒放弃继续前进。

当时的罗马人认为，位于莱茵河畔山脚边的黑森林，是非常危险、未知的领域，随时有可能受到凶狠野蛮的日耳曼人的攻击。罗马帝国将莱茵河与多瑙河作为北边防御线，但河流上游源于黑森林之中，总是蒙着黑暗的面纱。虽然罗马人喜欢运用自然地形作为屏障，但同时对这个看不清、无法防卫的领域感到不安。

罗马皇帝图密善（又译作多米提安）为了防止受到居住于阿尔卑斯山北边的日耳曼人的攻击，才会在现今的美茵兹和里根斯堡间兴建了日耳曼长城。长城每五百米就有一个高约为四米的要塞，要塞后方建有军人驻扎的基地，并从斯特拉斯堡开始建立起殖民城市。但随着帝国的衰落，约 3 世纪末，城墙与基地开始坍塌，变成了废区。

人们对黑森林的警戒，并没有因此而改变，附近居民仍对它心存畏惧。虽然害怕黑森林的罗马人已经离开，但对野蛮的日耳曼人和当地居民来说，黑森林仍是不可随意侵犯的地方。不过这些居民们，到底在害怕什么？

中世纪人与现代人的思考方式完全不同。当时的人们认为宇宙分为两个部分，一个是"小宇宙"，另一个是"大宇宙"。自己的家、被护城河包围的村庄与城市，是安全的小宇宙，除此之外的地方都是大宇宙。

他们相信天灾地变、疾病、歉收、饥荒以及神灵、超自然的存在，并且皆来自于大宇宙。大宇宙住着他们信仰的神灵，同时也存在着令人畏惧的怪物与恶灵。特别是村外的森林，不仅是属于大宇宙的领域，还住着很多非人类的恐怖存在，像是狼人、巫婆、精灵、怪物等。中世纪人们相信所有令人恐惧的事物都来自于大宇宙，所以每当小宇宙内出现可怕的事物，人们便会企图将其驱逐回大宇宙，也就是森林。

被流放的狼人与巫婆

狼人和巫婆会住在森林里面，并不是因为他们一出生就是狼人和巫婆。他们都是因为某些特定因素，才会被村民驱逐出境，加上又住在大宇宙中，更为他们增添了一分恐怖的色彩。其实他们只是从小宇宙被流放，无可奈何地被赶到大宇宙中生活，成为当时人们口中的狼人和巫婆。

至于他们为什么会被流放呢？中世纪时期，犯下重罪的人会被处以"和平判决"。不论是谁杀了被判决该罪的罪犯，都不会被处以任何刑罚，因此遭到"和平判决"的人随时都可能惨遭杀害。在村庄里无法继续生存的他们，只能离开村庄，逃至森林。

当时这种"和平判决"被称作"Wargus"，也就是"狼"的意思。现实中，有些罪犯会被戴上狼头后流放，而身体毛发比较旺盛的人，就会被误以为是狼人，现在看来还真是荒唐至极！

深入了解巫婆后，会发现她们其实只是无辜的独居女子，大多对于草药和急救偏方等民间医学非常了解，这些充满智慧的女子却经常被称为巫婆。人们虽然经常借助她们的医疗知识来治疗疾病，但若病患没有痊愈甚至死亡时，人们就会对她们加以斥责。有些人甚至是因为不想付医药费或治疗费，便四处散播她们是巫婆的谣言。

巫婆会抓走孩子、吃掉孩子，或是可以提炼出具有神秘力量的药物。从这类指控可以看出，中世纪人们对生活在大宇宙、无法被掌控的知识拥有者，该有何等畏惧。

当时的人们认为她们会危害和平，既恐怖又神秘，深信她们会抓走信奉天主教家庭的孩子，把他们吃掉。这种理论也可以套用在犹太人和吉卜赛人身上。最后，被当成巫婆的她们，只能像狼人一样被赶进森林，独自居住，靠采集草药维持生计。

中世纪时期，人们无法以科学解释天灾人祸、传染病、歉收或家畜集体死亡的原因，他们普遍认为这些事源自于大宇宙，然后殃及村庄和家中。然而他们不愿相信这是大宇宙中的神灵所为，也没有人敢对神秘的神灵表达自己的愤怒与不平。

这时，住在大宇宙的巫婆、狼人或其他存在，就成了替罪的羔羊，毕竟被赶出村庄的他们，心中多少都还是有些愤恨不平。但是这样的替罪羔羊与全民公敌，若只是一个戴着狼头被驱逐的罪犯，或是煮着药草、长相凶狠的老婆婆，那岂不是太没意思了吗？所以，中世纪人们才自动帮他们升级，成为看见月圆会变成狼人的人类以及与恶魔签约要抓走孩子的巫婆。

也许小红帽在森林里遇见的只是孤单寂寞想找人聊天的狼人，但是害怕女儿遭到侵犯的父母们，编造了谎言警诫自己的孩子。又或许汉森和格雷在森林迷路时，遇见的老奶奶并不是巫婆，而是供他们食宿，让他们吃饱喝足的恩人。

现在，各位读者对中世纪欧洲的黑森林有什么想法呢？月圆之时登场的狼人和有着红色眼珠的巫婆，依然戴着恐怖面纱吗？

又或者你正替被流放在外、只能远眺村庄灯火冀求一夜好眠的他们，感到空虚和寂寞呢？

教堂墙上的怪物雕像

一到历史悠久的教堂，我们总会看到柱子或墙壁上刻着许多怪物。究竟为什么神圣的殿堂中要刻上这些怪物呢？

约莫到了10世纪的时候，天主教才完成了在欧洲地区的传教工作。教会当时极力想要扭转人们大小宇宙的错误世界观，并深植他们单一救世主的概念。但对于每天与自然搏斗的农民来说，未知的世界仍存在着既强大又恐怖的力量，使得他们无法摆脱两个宇宙的世界观。

教会深知广大人民的心理，就在教堂外刻上怪物的雕像，目的是告诉人们：这些怪物在天主教教义中是可以被吸收的存在。

而法国音乐剧《巴黎圣母院》（*Notre-Dame de Paris*）的舞台中，以怪物雕像移动的场面来代表教堂外部，也是源于此概念。

吹笛子的男人与消失的儿童去哪儿了?

格林兄弟
——《德国传说》(*Deutsche Sagen*)
之《花衣魔笛手》(*Rattenfänger von Hameln*)

花衣魔笛手——凯特·格林威绘

> 我是吹着笛子的男人，
> 跟随着风四处漂泊，
> 带着一把威风的笛子。
> 就算外面狂风暴雨，
> 就算外面风雪交加，
> 我还是会吹着银笛，
> 继续微笑下去。
> 遥遥哭泣的少年啊，
> 听听我的笛声吧。

小时候，只要听到韩国歌手宋昌植的《吹笛子的男人》这首歌，总会背脊发凉。因为这首歌会让我不自觉联想到《花衣魔笛手》这本童话故事，害怕自己会像故事里跟着魔笛手的老鼠一样，投身河中。

但是现在回想起来，这首歌会在20世纪70年代的韩国大受欢迎的原因，大概是他唱出了自由之歌吧！先不管时代的忧伤，对于一位每天睡醒就看书的孩子来说，这首歌真的让人毛骨悚然。

真实世界里的魔笛手与消失的一百三十名儿童

德国的哈梅恩市正饱受鼠患困扰。某天，突然有位身着花衣的陌生男子出现，声称可以帮忙消灭老鼠，于是市政府就和他签订了合约。而后，他吹着笛子把鼠群们吸引到河边，让它们全部溺亡。

但是，市政府并没有履行合约支付酬劳，生气的魔笛手换上了奇异的红帽，穿着猎人般的衣服，再次吹响了笛子。听到笛声的孩子们随之起舞，跟着魔笛手离去。就这样，魔笛手带着一百三十名孩子离开了城市，从此消失得无影无踪。

以上是故事的大致内容。随着版本不同，有些结局跟上述一样，有些则加入了把孩子引到山洞里的情节。

这个故事发生于1284年6月28日，是一则确切被记载于文献中的真实故事。因此，直到现在，哈梅恩市仍四处可见与这则故事相关的痕迹，甚至为了纪念当时跟着魔笛手离开的孩子们，他们经过的小路至今仍禁止唱歌和跳舞。就算是结婚队伍经过该路，也不可以演奏任何歌曲。

但是这则历史或传说只提到"有一百三十名儿童失踪"，并没有提到他们"去了哪里"。魔笛手和这群孩子到底去了哪里？在各种假设之中，我对"儿童十字军"最感兴趣。

11世纪，拜占庭帝国因担心遭到塞尔柱帝国的攻击，向罗马教皇请求支援。当时的教皇乌尔巴诺二世认为可以利用该契机来强化教皇的权力，决定派遣军队重新找回圣地耶路撒冷。

当时从欧洲各国招募来的军队，都在肩膀与胸膛上贴了十字符号的标志，因此被称为十字军。十字军攻占圣地耶路撒冷后，曾在现今的叙利亚、黎巴嫩、以色列等国的领土上短暂建立了耶路撒冷王国。但大致上十字军东征皆以失败收场，他们在抵达目的地前，不仅贩卖奴役，时常抢掠，甚至占领同为基督教的东正教首都君士坦丁堡。

十字军东征表面上是为了捍卫宗教，但其实是欧洲人为了扩张领土、争夺权力的历史事件。其中，关于儿童十字军的记述让我最为难过。1212年5月，一位法国的牧童听见神的指示，决心征服耶路撒冷，一群少男少女便组成十字军。一路上他们吟唱圣歌，企图跨越地中海，却在非洲突尼西亚的沿海被当作奴隶贩卖。

还有一说是当他们横渡海洋时，遇到暴风雨，全员罹难。根据最夸张的说法，少年十字军多达三万多人。中世纪经常发生像这样的少年十字军动乱，1212年在德国，一名年仅十岁、名为尼古拉斯的少年，也曾引领少年十字军，翻越阿尔卑斯山前往热那亚，最后无功而返。

史实的记载不禁让我们联想起，也许《花衣魔笛手》中的魔笛手就是少年十字军的煽动者，而消失的孩童则是那些在地中海被贩卖为奴或在海上罹难的少年十字军。

吹笛人变奏曲中16世纪的战争与背叛

除此之外，有专家认为，这些孩子们可能是被庆典上欢欣鼓舞的气氛所感染，或是染上了舞蹈病[1]，在跳舞的过程中发生意外而死亡；也有人说，他们也许是为了开拓德国东部殖民地而离开的年轻人。

众说纷纭之中，并无确定的版本，唯一可以确定的是：哈梅恩市在 1284 年 6 月 28 日发生过成人及儿童大量失踪或死亡的事件。在事件过后，每当哈梅恩市遇到重大的政治或社会事件，就会将《花衣魔笛手》的故事重新加油添醋，直到被格林兄弟所采录。

因此，越接近故事初期的版本，故事结构就越简洁。在早期的版本中，只出现了吹笛子的男人，但到了约莫 16 世纪，就被冠上了"鼠疫"的情节，由此可知，人们对于鼠疫造成的黑死病有多么惧怕。这个由"鼠疫杆菌"造成的传染病，其传播媒介就是寄生于老鼠身上的跳蚤。史上最恐怖的鼠疫大流行发生于 14 世纪时的欧洲，短短四年内就夺走全欧三分之一的人命。

儿童及青年大量失踪的传说，流行于当时的欧洲各地，但为何独独哈梅恩市对这个传说如此执着？有什么特殊的历史背景吗？16 世纪的哈梅恩市，除了天然灾变以外，与德国其他地区一样，也饱受战争的灾祸。当时痛苦的下层民众，深感自己被无能又自私的统治阶层背叛，才将《花衣魔笛手》的故事改为捉鼠人被市政府背叛的情节，以达到内心满足的快感。

但是，统治阶层当然不会对此无动于衷。长久以来，哈梅恩市以水车闻名，在其市旗上还能看见水车磨坊中石磨的身影。当时以制粉业为经济基础的城市，会将收成的谷物加工成面粉保存，过程中若出现老鼠猖獗的传闻，将会造成致命的经济冲击。因此，哈梅恩市当局对这则故事非常敏感，企图把故事主旨转为强调"遵守约定"，并把故事的负面形象转嫁到身为底层人民的流浪乐手身上。

逃避现实的笛声,让孩子们走上街头

  我重新整理故事架构如下:身为制粉业城市的哈梅恩,老鼠猖獗的情况非常严重,吹笛子的男人是一个遭受差别待遇的流浪乐手,也是故事中的坏人。没有人知道随之起舞的孩子们下落究竟为何,唯一确定不变的是,《花衣魔笛手》中记载的历史悲剧,随着时间流逝不断改变,反映出城市当时所遭遇的困难和城市内部的纷争。

儿童游戏——老彼得·布勒哲尔绘

当时的市民大部分是文盲，他们无法以文字记录，就选择以这种方式来记录自己的苦难。

《花衣魔笛手》的传说至今仍持续被消费及修改。这些热情如火、盲目追随的少年十字军，不禁让我联想到第二次世界大战中德国纳粹的青少年组织——希特勒青年团。他们同样是一群不成熟的孩子，受到煽动而一股脑儿地聚集、搞破坏。

不过是区区的笛声都足以让他们随之起舞、盲目跟从，足以让我们感受到中世纪孩子们艰辛困苦的状况。他们在饥饿及虐待下成长，到了十八岁就必须经济独立，对他们来说，"日常"是一种痛苦。在老彼得·布勒哲尔[2]的画中，那些正在游戏的孩子，表情是那么阴沉、没有童真，他们的日常是多么艰辛、无趣，以至于他们对流浪乐手的笛声深深着迷，甚至抛弃家庭和父母远去。

这么看来，20世纪70年代韩国歌手宋昌植唱出的"狂风暴雨"和"风雪交加"，与魔笛手的笛声不谋而合。当时人们"随风而逝"的心情，与跟随魔笛手离开的孩子们恰似相同。那时的示威游行，就好似这群列队离开的孩子，都是为了追寻更美好的生活。

注释

[1] 亨丁顿舞蹈症，发病时无法控制四肢，如手舞足蹈一般，会伴随智能衰弱，最后出现呼吸、吞咽困难而死亡。

[2] 老彼得·布勒哲尔（1525—1569年），文艺复兴时期荷兰画家。

捕鼠人的时尚秘诀

为什么故事中出面解决鼠患的魔笛手要身穿花衣或条纹衣呢？在中世纪欧洲，条纹是差异的象征。醒目的条纹与其他花纹不同，从远方就能一眼望见，不仅逃脱时容易被发现，在当时更具有破坏社会秩序的负面形象。有人认为这是源自于《利未记》（*Leviticus*）中的记载："不得穿着两种线交织而成的衣服。"因此，条纹衣是遭到差别待遇的犹太人、罪犯、小丑、流浪艺人、病患、死刑犯、卖淫妇女的衣着。想想不久前美国的囚服仍是条纹衣，应该就不难理解其中缘由。此外，条纹衣强烈的视觉对比容易引人注目，所以直至今日，马戏团的杂技师或小丑仍以条纹衣着为主。《长袜子皮皮》（*Pippi Longstocking*，瑞典知名童话故事）中，这位过于好动、无法被一般人所接受的自由少女皮皮，总是穿着一双条纹长袜，也许也是由此而来的吧！

安妮的红发、巫女与种族歧视

露西·莫德·蒙哥马利[1]
——《绿山墙的安妮》(Anne of Green Gables，又译《红发安妮》)

绿山墙的安妮——古斯塔夫·多雷

《绿山墙的安妮》原著叙述了安妮的一生,其分量可谓是"超长篇小说"的等级。对许多读者来说都很熟悉。现在就让我们通过盘根错节的《绿山墙的安妮》,来看看其中的历史渊源吧!

六十岁的马修和五十岁的玛丽拉兄妹住在加拿大艾凡里的一栋绿色屋顶的小屋里。因农务繁忙,他们决定领养一个儿子帮忙。但过程中因为失误,被送来家里的不是儿子,而是身为女孩的安妮。兄妹俩在照顾安妮的过程中改变心意,决定将她留下。

想象力丰富又聪明的安妮,在美丽的艾凡里村里引起了不少风波,但仍与黛安娜和其他朋友一起过着幸福快乐的日子,唯独跟吉尔伯特水火不容,因为某次他拉着安妮的头发,戏称她是"红萝卜"。虽然事后吉尔伯特向她致歉,但安妮并不接受,为了不输给他,安妮拼命念书,最后以首席的身份进入培养教职的女王学院。

为了准备大学入学,她暂时回到家中,此时破产的马修却因心脏麻痹离开人世。安妮为了照顾双眼失明的玛丽拉,放弃了大学进修的机会,选择留在绿色屋顶之家。听到此消息的吉尔伯特,把艾凡里学校的工作让给安妮,两人终于和好如初。

偏见来自于头发

安妮为何无法原谅戏弄自己的吉尔伯特？不管他怎么道歉，安妮都不愿接受。故事中她曾经用成分不明的染发剂，想把头发染成绿色，又曾吵着要把头发剃掉，引起不少骚动。安妮为什么会如此厌恶自己的红色头发呢？

这对我们来说有点难以理解，但西方人对于红头发的偏见还真不小。他们认为红头发的孩子，基本上都是野蛮又不听话的孩子。就像《胡萝卜须》（*Poil de Carotte*）里的红发主角，受尽妈妈虐待；欧洲的精子银行里，甚至拒绝红发男性的精子。他们对于红头发的偏见，远远超乎我们的想象。

不过，他们并非一开始就对红头发带有负面印象。问题就出在红色是生命之色，也就是血的颜色。中世纪的天主教徒相信，生命体中火红的血会刺激性欲。因此在禁止肉食的大斋期中，不得进食猪肉、牛肉等"红肉"，却可以吃海鲜，原因正是如此。当然，还有一点是因为鱼类不是靠着"直接接触"交配，所以他们认为海鲜并不会诱发性欲。

中世纪的人们认为，有着红头发和红胡须的人在性方面需求过盛。红发的英国国王亨利八世[2]与六位妻子结婚，其中两名被处死，他的个性古怪，精力过人。而另一位红发代表——阿基坦的埃莉诺[3]，三十岁时与法王路易七世[4]离婚，旋即又与当时才十九岁的英王亨利二世[5]再婚，并生下了八名子女。

"哈利·波特"系列中，德拉科·马尔福一群人嘲笑着兄弟姐妹甚多的罗恩·韦斯莱是红发家族，带有轻蔑对方父母庸俗的含义，而罗恩的个性也的确较易兴奋。

在近代与中世纪的图画中，娼妓通常被描绘成红发，而对正值青春期的敏感少女安妮来说，红发更是一辈子的耻辱，因此安妮才在自己的本名"Ann"后面加上"e"字，好让自己的名字听起来像女王[6]。

红色头发的人，甚至被称作"恶魔"，这种偏见源自于维京人侵略欧洲的历史。身为日耳曼族的维京人，一直生活在斯堪的那维亚半岛，然而随着人口增加、土地不足，他们从80—1100年间不断航海，侵略欧洲沿海地区。为了与维京人对抗，守护领土，欧洲出现了封建制度。

英国东北部和法国西部海岸的居民，对这群从远方破浪而来的红发、红胡的维京人更是害怕。欧洲西北部的居民称他们为"红色帮派"，甚至留下了红胡子、恶魔脸的画像，而其中最著名的就是曾经航至格陵兰的"红发艾瑞克"[7]。16—17世纪，红头发甚至带有恶魔的形象，使得许多红发女性被判定为女巫。再加上收录民间故事的童话书里，常将巫婆描绘成尖鼻子、红头发，更助长了一般民众对红头发的歧视。

发色中藏着种族歧视与迫害

对于红发的歧视，是不是通用于所有的西方文化圈呢？

我们先回想一下童话故事里出现过的红发主角们：像是《胡萝卜须》《绿山墙的安妮》《长袜子皮皮》，还有"哈利·波特"

系列中的罗恩和金妮。接下来，再让我们回想一下历史中出现的红发代表人物：身为维京人的红发艾瑞克、阿基坦的埃莉诺、玛丽一世[8]、亨利八世、伊丽莎白一世[9]。他们的国籍有英国、美国、加拿大、瑞典、挪威……全都是从古日耳曼族划分出来的。

欧洲主要有三大民族：日耳曼族分布于欧洲西北部地区；南欧是拉丁族；东欧则是俄罗斯的斯拉夫族。日耳曼族的人身高较高、白皮肤、金发碧眼，对他们来说，红头发是非常少见的遗传因子。

然而对古欧洲原住民凯尔特族来说，红头发就比较常见了。以英国为例，英格兰的主要居住者是盎格鲁－撒克逊人和诺曼人，他们同样属于古日耳曼族；而北部的苏格兰、北爱尔兰岛及威尔士则主要为古凯尔特族居住。根据英国《太阳报》的报道，苏格兰岛约有13%的人口为红发，是红发人口最多的地方；接着才是爱尔兰岛和威尔士，约有10%，比例远远高出西方其他国家。

西北欧的日耳曼族后裔和盎格鲁美洲（又称英语美洲）后嗣，都认为大多数人拥有的"金发"才是美丽的、正常的，而赶走他们的凯尔特族常见的"红发"既丑陋又异常。这当中其实带有多数人迫害少数人的意味。

在西北欧，多数人都是金发碧眼，他们认为红头发的就是魔女；然而在黑发褐眼居多的南欧，反而认为拥有碧眼的人才是魔女，这同样是一种多数迫害少数的例子。

20世纪60年代女性解放的方法

看到这里，应该多少能理解《绿山墙的安妮》的作者为何将主角设定为红发了吧？作者把安妮的外在条件设定为少数族群，不仅是贫穷的孤儿和女生，还有一头红发。在排外的西方文化圈里，带着与生俱来的劣势，安妮靠着特有的想象力和智慧，与身边的伙伴共同成长，其坚强的自我击倒了西方国家根深蒂固的偏见。她不同于以往童话里金发碧眼的美丽公主，她是新儿童文学的主角，到现在仍影响了许多少女的成长。

不过，比起安妮，还有一位更具个性的红发女孩代表——皮皮。她和安妮一样有着红头发，脸上有雀斑，虽不是孤儿，但独自生活。1945年出版的《长袜子皮皮》，描述出第二次世界大战后女性形象的变化。

当时女性与男性的差别几乎消失，男人们上前线打仗之际，女性也必须从事后勤工作。然而战争结束后，她们被命令重拾家庭主妇一职，但她们拒绝，并为了女权运动站出来。不仅是精神层面，连生理层面都不输给男人的现代女性精神，从皮皮身上就可以看见。红头发、红辫子替皮皮坚强的形象加分不少。现在，红发不再是魔女而是独立自主的女性的象征。

到了20世纪60年代，红头发成为女性解放运动的表现方法之一。当时的女权运动者拒绝服从父权社会支配，不愿配合旧有的金色卷发形象，而她们其中一个集体抗议的方法，就是将头发染成红色。在苏·汤森的《少年阿莫的秘密日记》（*The Secret Diary of Adrian Mole Aged*）中，阿莫的妈妈便因参加女权运动而染了红发。

然而到了20世纪60至70年代，美国与苏联进入冷战时期。红色是共产主义的象征，因此当时保守派将女性染红发的意图扩张为企图推翻政权，导致红发沦为极度负面的形象。

当然，现今染红发已不再具有政治意义，只是单纯的个人美学行为。不过我们仍要感谢当年的她们，为了找到女性自我、张扬女性声音，拒绝社会固有"美"的形象，而将头发染成"丑陋"的颜色。

对于红头发的歧视与偏见，正是支配世界的强者对弱者的加害，也是多数人对少数人的迫害。不过，历史上的红发女性不但能战胜苦难，同时还展现了自我及魅力。不管遇到再多艰难都坚韧不拔，拥抱着追求自由的热情，使她们成为我们心中历久弥新的主角，而红发也不再是不祥的象征。

安妮并没有花太长的时间就体会到自己的红发美艳动人。看着下述安妮曾说过的话语，我想未来不管有任何困境，她都能克服。而看着安妮的我们，也会如此：

现在我走到了转角。我不知道转角前方等着我的是什么，但我相信那一定是最美好的。

转角有一种独特的魅力，我好奇在那之后会出现什么。是绿色的光芒，还是彩色的光芒，或是一片黑暗？究竟是什么风景，我会遇上什么陌生的美丽？前方是弯道、山丘，还是溪谷？

注释

[1] 露西·莫德·蒙哥马利（1874—1942 年），加拿大作家，以红发安妮为主角的一系列作品为其代表作。

[2] 亨利八世（1491—1547 年），亨利八世为了另立新后，不惜与罗马教皇反目，推行宗教改革，让自己成为英格兰最高的宗教领袖。除了宗教改革外，亨利八世还合并了英格兰和威尔士，让王权达到巅峰。

[3] 阿基坦的埃莉诺（1122—1204 年），埃莉诺是阿基坦公爵之女，与法王路易七世结婚时，阿基坦并入法国王室领地。后来这桩婚姻被宣布无效，埃莉诺改嫁未来的英王亨利二世。待亨利二世登基，阿基坦顺势成为英国领地，导致英、法王室争斗不休。

[4] 路易七世（1120—1180 年），曾领导第二次十字军东征，但没有成果。

[5] 亨利二世（1133—1189 年），亨利二世创建了英格兰中世纪最强盛的封建王朝——金雀花王朝，但与埃莉诺夫妻失和之后，晚年引发了一连串父子反目的战争。

[6] 这里是指安妮女王（1665—1714 年），她即位时是英格兰、苏格兰、爱尔兰女王，1707 年时英格兰和苏格兰合并为大不列颠王国，安妮女王便以大不列颠及爱尔兰女王名义统治至其辞世。

[7] 红发艾瑞克（950—1003 年），又称红胡子艾瑞克、红衣艾瑞克或红魔艾瑞克，是著名的维京探险家，开发了格陵兰。

[8] 玛丽一世（1516—1558 年），英格兰和爱尔兰女王，都铎王朝第四任君主，为整肃宗教异端人士烧死了三百人，有"血腥玛丽"

之称。

[9] 伊丽莎白一世（1533—1603年），是异母姐姐玛丽一世的继任者，有荣光女王、贤明女王、童贞女王（终身未婚）之称。

[10] 理查一世（1157—1199年），曾领导第三次十字军东征，是少数取得战果的十字军战事。

巴巴罗萨——红胡子

12世纪，神圣罗马帝国的皇帝腓特烈一世，因其红色的胡须被称为"巴巴罗萨"（意大利语"Barbarossa"，红胡子之意）。身为德国人却拥有意大利绰号，是因为他前后强行对意大利进行过五次远征。

在德国，"红胡子皇帝"是充满爱戴的尊称，不过对惨遭侵略的意大利来说，并非是赞颂他的别称。

腓特烈一世在参加第三次十字军东征的途中溺死，却与被称为"狮心王"的理查一世[10]共同成为中世纪骑士的形象代表。传说中，他与忠诚的爱将们并未死去，而是沉睡在阿尔卑斯山脉的温特斯山上，等到他的胡子留到可以覆盖三张桌子时，皇帝将会苏醒，并重建德意志帝国。

对此，痴心妄想的希特勒，在1914年6月东部战线侵略苏联时，就以"巴巴罗萨"作为作战名称。

魔镜啊魔镜，世界上最美的女人是谁？

格林兄弟
——《白雪公主》（*Schneewittchen*）

夏尔·佩罗
——《睡美人》（*La Belle au Bois Dormant*）

安徒生[1]
——《野天鹅》（*Les Cygnes Sauvages*）

白雪公主——作者不详
（收录于1852年冰岛翻译版童话中的插画，
图中变身为老太婆的巫婆，正在递苹果给白雪公主。）

2013年，为了纪念《格林童话》出版两百年，不少电影将《格林童话》里的故事重新诠释上映，每次我都盛装打扮前去欣赏，但心中却有说不出的怪异。我看童话的角度，好像跟以前不同了。比起年轻貌美的公主，现在我更喜欢观察威胁、虐待公主的继母和巫婆。

虽然不愿承认，或许是上了年纪后心智与王后更接近了，也或许是随着年纪增长，看童话的视野变得比以前更广了，总之，对现在的我来说，看到那些坏事做尽的女配角，反而有种亲切感。接下来，就让我为年岁高、心眼坏的她们来一场申辩大会吧！

中世纪欧洲神秘又有魔力的镜子

首先，先为《白雪公主》里出现的坏继母——巫婆王后来一场辩解吧！

新上任的王后，虽然美若天仙，但是自尊心极强，既骄傲又容易妒忌。她拥有一面神奇的镜子，且经常站在镜子前问着："魔镜啊魔镜，世界上最美的女人是谁？"

魔镜总是回答："敬爱的王后，这世界上最美的女人就是您。"王后总是要听到这个答复，才会感到心安。

"照太多镜子的女人不会纺织。"从这句欧洲俗谚中，便可得知他们认为爱照镜子、爱打扮的女性是懒女人。支配中世纪精神层面的天主教祭司，则认为只有《圣经》可以反射自我，将沉溺美好幻想或对外表过度关心的女性视为有罪，例如诱惑亚当的夏娃，就是警戒"女性美"的范例。大约在1500年，由耶罗尼米斯·博斯[2]所创作的三联祭坛画《人间乐园》（*The Garden of Earthly Delights*）中，为讽刺奢侈与傲慢，他描绘了一位站在恶魔屁股上照镜子的女人。

除此之外，近代以前的欧洲人认为镜子具有魔力，是非常神秘的物品。事实上是因为它稀有、昂贵，才使得它更加扑朔迷离。历史记载中，最早的镜子被发现于土耳其，是一面以黑曜石制成的圆盘。最早以金属制成的镜子，则是公元前6000年埃及的青铜镜。不论在东方或西方社会，青铜镜都象征着支配阶层，特别是祭司阶层。此后古罗马人虽发明了玻璃镜，但表面成像仍然模糊，直到威尼斯人发现在镜子背面涂上锡箔和水银混合的"锡汞齐"以前，镜子仍然是因人而异、成像不一。因此中世纪人认为，巫婆们可以在镜子或水晶球的模糊影像中看见一般人看不见的东西，并且施行法术。在猎巫盛行的时代，有许多无辜女性只是持有玻璃碎片，就被视为女巫。

白雪公主的继母爱照镜子，常与镜子对话，又极度重视自己的美貌，处处都让人怀疑她就是巫婆。只不过因为王后在外貌上投资了较多时间，跟镜子说了几句话，就在她身上烙下巫婆的印记，未免也太残酷了！其实，王后也是有不得已的苦衷。大部分国家的王后，其实是来自其他王国的公主，是政治婚姻的牺牲品。来到陌生国度，举目无亲，她唯一能依靠的人只有老公——国王。为了得到国王的宠爱，她必须比任何人都美丽。或许正因为如此，她才会疯狂照镜子，对外貌如此执着。

她也可能只是思乡情怯，对着镜子说了几句方言，周遭听不懂的人却误以为她在念奇怪的咒语；抑或是清扫的仆役在擦拭这面模糊的镜子时，想象着王后可以看见自己看不见的东西罢了。

王后与公主的自我价值是青春？

除了《白雪公主》之外，还有不少童话里都有巫婆王后，像是法国作家夏尔·佩罗收录的版本中的《睡美人》。一般我们熟知的故事情节是沉睡的公主被王子一吻后苏醒，两人结婚过着幸福快乐的日子。但是原版故事中，王子的妈妈也就是公主的婆婆兼王后，其实是一位巫婆。这位巫婆王后不但吃了自己的媳妇，连两个孙子都不放过，最后受罚而死。

> 王子绝不会告诉别人他内心的秘密。他深爱着自己的母后，同时又有些害怕。他的恐惧来自于妈妈是食人的魔鬼后裔，她以雄厚的财力，嫁进来成为王后……
>
> 一眨眼的瞬间，巫婆王后被可怕的禽兽给吃掉了。国王非常伤心，毕竟她是自己的亲生母亲。但他拥有眼前美丽的太太和两个可爱的孩子，随着时间流逝，国王的心情慢慢平复，过着幸福快乐的日子。

在世界各国的童话中，为什么公主总是貌美善良，而年华老去的王后就是坏巫婆?她们明明拥有强大的魔法和权力,为何只能输给年轻的公主?连国王都能立刻遗忘母后悲惨的逝去,过着幸福快乐的日子,原因究竟为何?

工业革命以前,农耕社会最重要的任务就是确保耕地及劳动力,就算身为女性,也会以劳动力、生产力及生育力来作为其价值的评判。然而女人的生育力会随着年纪增长而明显下滑。根据资料记载,三十岁女性的生育力是二十岁时的85%,四十岁则为35%,五十岁则接近于零。在当时,无法生育的妇女等同于没有价值,只能将位置让给富有生命力的年轻少女,就此被打入冷宫。

全世界的民间故事都反映出这个现实:故事中的年轻女性总会赢得胜利,年华逝去的王后最终总会失败。这其实隐含了当时女性被视为生育工具的悲哀。如今世道已变,女性除了生育之外,对社会贡献良多,证明了自己的价值。不过童话里的老王后会因此而解脱吗?我试着从现代的政治、历史、女性主义等层面出发,以正确的态度欣赏童话作品:老王后依然是坏人,年轻的公主仍然是好人,故事还是被一分为二。只是原本被动又柔弱的公主,渐渐成为主动积极的女性。上了年纪的女人,还是免不了被打入冷宫。公主和王后,其实是同一个人,王后就是公主的未来。年华老去的公主终究会成为王后,敌不过输给年轻公主的命运。为了阻止恶性循环继续发生,不再年轻貌美的我,决定站出来,为了自己,也为王后的存在价值发声。

国王的婚姻是精密的政治计算

某些童话故事里,年轻女孩也会被诬陷为巫婆,安徒生《野天鹅》中的艾丽莎公主就是最好的例子。

艾丽莎公主与十一位哥哥一直过着幸福快乐的日子,但与父王再婚的坏王后却把她赶出家门。她的哥哥们中了继母的魔法,变成了天鹅。艾丽莎为了拯救哥哥们,答应天使在织十一件荨麻衣裳的过程中不能讲话。

躲在洞穴里织衣的艾丽莎,某天被他国出来狩猎的国王发现了。国王娶她为妻,封她为王后。然而,大主教却不断设法诬陷艾丽莎为巫婆。某天,国王与大主教跟踪艾丽莎,发现她竟然经过墓园和几位巫婆的住所附近。其实艾丽莎是为了采集荨麻,然而碍于与天使的约定,她无法为自己辩解。最终,艾丽莎被诬陷成巫婆,被绑在火刑台上。

此时,天鹅哥哥们飞向了火刑场,艾丽莎将织好的荨麻衣裳丢向他们,穿上衣服的哥哥们立刻变回人类。终于,她得以说明来龙去脉,解开了误会,与国王和哥哥们过着幸福快乐的日子。

年轻女孩被诬陷为巫婆的故事,结局往往不像老巫婆王后一样以悲剧收场。通常她们可以克服危机,迎接幸福美满的结局,但是年轻王后为什么会受到质疑?而且早在大主教目击艾丽莎的可疑行动前，便断定她为巫婆。因为，他认为艾丽莎是施展魔法才能得到国王的宠爱。那为什么大主教不给予祝福，反而与国王的爱妻为敌呢？

事实上，身为国王通常不能因"爱"而结婚，他们的终身大事必须先通过国家与家族门第间精密的政治计算。中世纪欧洲的圣职阶级是受到认可的上等阶级，因此大主教算是国家重要的官僚之一。为了国家的将来，他必须建立及推动国王政治联姻的计划，然而艾丽莎的登场却毁了这一切。不能埋怨国王的大主教，只好指控艾丽莎为女巫。通常也可看作是大主教担心王后会削弱他的权力，于是设法除掉王后，便到处宣传王后是巫婆，用巫术迷惑了国王。由此可知，年轻女孩通常是因王国内部的权力斗争才会遭到诬陷。

王后外貌与生存息息相关？

中世纪历史上，可以看到不少王后变成巫婆的案例。为了确保国家安全，欧洲国际间的政治联姻十分普遍。有不少国家的民众会把对王后祖国的敌意转嫁到王后身上。人们甚至过度宣传王后的奢华生活，把宣泄的对象从自己国家的国王转为异国而来的王后。然而，问题的根本并非王后奢侈的制装费，而是国家体制本身的矛盾。

让我们从中世纪转到现代来看：原本镜子制造技术是由威尼斯独占，在17世纪中期，法王路易十四的大臣柯尔贝尔将其引进法国，到了 17 世纪末，法国开设了国家玻璃制造所及国家镜子制造所，大量的生产使得镜子价格下跌，变得大众化，而且过往那种因人而异、成像不一的镜子也已不复存在。

启蒙时代来临，大规模的猎巫不再发生，但王后的苦难就此结束了吗？当然没有。王后虽不再被称为"巫婆"，却被嘲弄为"娼妓"。就以法国大革命时遭受审判的路易十六的配偶——玛丽·安托瓦内特来举例。她是奥地利公主，在法国大革命前，她大量地出现在色情书刊之中。判决时，路易十六仅被流放，而玛丽·安托瓦内特却背上性犯罪、道德犯罪等辱名，使她成为了"巫婆王后"，这其实是对君主体制的攻击。然而只因她来自异国，就必须背上黑锅，未免过于残忍。

让我们把话题带回《白雪公主》中王后的魔镜吧！历史上，梳妆打扮是上层阶级富有的象征。像王后一样位于权力中心的女性，美丽的外貌也是巩固权力的武器之一，比如英国女王伊丽莎白一世，就是成功利用外貌进行形象政治的最佳代表。年轻时的她经常以华美装扮现身，上了年纪后，她则以比实际年龄年轻貌美的"自画像"现身。

总而言之，王后和女王照镜子都有她们的苦衷。外貌对她们而言，与权力及生存息息相关。被诬陷为巫婆，也许不是因为她们过度在意外貌或过度奢侈，而是身为女性的她们却对权力起了贪婪之心。对着镜子自我陶醉的王后，真的是十恶不赦的巫婆吗？或许她们是为了治国，而重新检视、反省自己的优秀统治者也不一定啊！魔镜啊，魔镜，请告诉我真相吧！

注释

[1] 安徒生（1805—1875 年），丹麦作家和诗人，尤以童话故事闻名于世，作品有《拇指姑娘》（*Tommelise*）、《冰雪女王》（*Snedronningen*）等。

[2] 耶罗尼米斯·博斯（1452—1516 年），博斯的作品多着墨于人类的道德沉沦与罪恶，并创作了多幅三联画（绘于三片接合起来的屏风上）。

镜子里的圣女与巫婆

"镜子里的我是左撇子。"就算不引用韩国诗人李箱的诗句，大家也都知道镜子与现实相反。那么，可以同理推断：巫婆照镜子会变成圣女，圣女照镜子则会看到巫婆吗？

古代多神论衍生的女神崇拜与基督教带有男性色彩的一神论截然不同。在基督教支配欧洲以前，女神崇拜的传统深深烙印在人民的日常生活中，因此天主教以"圣母玛利亚信仰"及"守护女神"等女神崇拜吸收信众。

问题出在古代女神是以"善恶共存"的模式备受崇拜，但是天主教只崇拜"善"的一面。举例来说，希腊神话中的阿尔忒弥斯，同时具有"月亮女神"塞勒涅的形象以及支配冥府、魔法、怪物的"夜之女神"赫卡忒的形象。不过天主教的圣女崇拜，却只留下阿尔忒弥斯的纯洁女神形象，掩盖其黑暗的一面。

过去，古代女神有三个人生阶段，分别为形象纯洁的处女、洁身自爱的母亲、极具智慧的老婆婆。不过，其中苍颜白发的老婆婆并不符合天主教圣女的形象，天主教的圣女永远都是被刻画成年轻貌美的模样。

但是天主教还是必须有人扮演负面的存在，究竟谁该担任这个角色呢？答案正是人老珠黄的巫婆。

威尼斯商人——可怜的邪恶角色夏洛克

威廉·莎士比亚[1]
——《威尼斯商人》（*The Merchant of Venice*）

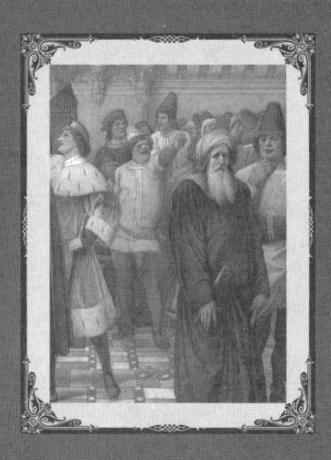

威尼斯商人——作者不详

在充满犹太人歧视的相关作品中，莎士比亚的《威尼斯商人》想必是其中最著名的。思考一下当时威尼斯的贸易现况及法律体制，在那些时空背景下，我想再也找不到比它更荒唐的作品了。我反复思考莎士比亚的意图，竟如此难以捉摸。而身为读者的我，又为什么反而怜悯起反面角色夏洛克了呢？

读完这部作品，脑海中总会浮现许多问号，这得归功于这部作品独特的架构。一般我们阅读的《威尼斯商人》是经简略过的儿童书籍，而真正的原著是由四个不同的故事组合而成，因此要找到故事重点并不容易，其中最广为人知的就是第一则故事：

威尼斯商人巴萨尼奥为了向住在贝尔蒙脱的鲍西娅求婚，而向好友安东尼奥借钱。安东尼奥为了借给好友钱，找上了犹太人夏洛克所经营的高利贷借贷所。

曾经被安东尼奥公然侮辱的夏洛克，打算借机报仇。他跟安东尼奥签订了"如果无法还款，就要割掉一磅离心脏最近的肉偿还"的契约。不幸的安东尼奥，因他用全部财产投资的商船没有成功返航，于是破产。没有按时还款的安东尼奥，最后只好站上法庭。

听闻此事的鲍西娅，变装成法官参与审判，并且下了判决："你可以拿走一磅的肉，但按照契约，你不能拿走任何一滴血。"鲍西娅的智慧救了安东尼奥一命，不但将夏洛克的财产全部没收，还下令其改变信仰。

另外三个部分，则是由巴萨尼奥向鲍西娅求婚时挑选铅匣的故事、鲍西娅拿结婚戒指考验巴萨尼奥的故事以及犹太人夏洛克的女儿决定与基督教青年结婚的故事所组成。四个故事中，仍属夏洛克与安东尼奥的故事最为著名。

英国文豪笔下的反犹太主义

一直以来，对犹太人的仇恨都是因宗教而起。基督教认为救世主耶稣就是遭到犹太人处刑，他们不仅抵制犹太教，还不断强迫犹太人更改信仰。到了 19 世纪后，开始出现反犹太主义，甚至犹太人在生物学上被认定为劣等人种，成为人人憎恶的对象。

此一现象，可以联结至第一次世界大战战败后黯淡的德国情势：在希特勒统治下的德国纳粹，对犹太人进行了大屠杀。但这不全然是希特勒的错，假如欧洲没有憎恨犹太人的传统，没有对他们进行社会迫害，那么当时的欧洲人就不会放任希特勒迫害犹太人，造成短短十年内六百万犹太人丧命的大悲剧。

究竟为什么欧洲会有如此强烈的反犹太情绪呢？

在《威尼斯商人》中，将犹太人描述为从事高利贷的贪婪之徒，因此受到众人的羞辱及排挤。然而，事实却正好相反！犹太人因为受到排挤，除了经营高利贷外，别无选择。中世纪封闭的经济体系，以有限的耕地作为经济中心，犹太人根本无法在夹缝中生存。在当时，犹太人是无法拥有土地的，即便能够拥有土地、房产，对于随时可能被驱逐的他们来说，这种无法随身携带的不动产根本毫无意义。

犹太教与基督教都使用《旧约全书》，而与基督教不同的是，犹太教并无规章禁止"利息放款"，所以他们可以从事当铺、高利贷等工作。

中世纪欧洲的封建领主，每当遇上战争或其他原因而急需用钱时，就会向富有的犹太人融资公司借款。为了偿还本金和利息，他们极度剥削领地内的农民，而遭剥削的民众便把不满与批判发泄在犹太人身上。对领主感到不满的民众，坐视犹太村庄遭受袭击、放火，甚至火上浇油，使得受害者犹太人反倒面临被驱逐的命运。如此一来，领主的借贷责任就能一笔勾销。

因此，非犹太人藐视犹太人"榨取金钱"，是一种扭曲的想法。这种想法在莎士比亚时代以前就已存在，而莎翁在《威尼斯商人》中将犹太人塑造成人格破产的高利贷者，并赋予他其貌不扬的外貌。

但莎士比亚本人真的见过放高利贷的犹太人吗？答案也许没有。莎士比亚的祖国——英国——早在他诞生以前的1275年，就明文禁止犹太人从事高利贷业，并在1290年驱逐犹太人，除了一部分改信基督教的犹太人之外，其余都必须离开英国，因此莎士比亚所遇见的犹太人早就改变了信仰。

犹太人得以再次进入英国，已经是1656年奥立弗·克伦威尔（英国议员）的时代。此时，莎士比亚早已逝世40年。所以，莎士比亚在没有实际看过犹太人从事高利贷业的情况下，凭空想象写出这部作品。这时的我只想问："莎士比亚，你为什么要这么做呢？"

懂得分散投资的威尼斯商人

除了犹太商人外，莎士比亚对威尼斯的描述同样是极尽想象力之能事，扭曲事实，颠倒是非。因此《威尼斯商人》中有不少与当时威尼斯现况截然不同的内容。在莎士比亚的年代，威尼斯等同于现今的纽约，是世界经济的枢纽。威尼斯的犹太人并非高利贷业者，而是"国际投资者"，为资本主义初期的发展做出了极大贡献。

像夏洛克一样，居住在威尼斯的犹太人为"塞法迪犹太人"，是指以前居住于西班牙和葡萄牙的犹太人子孙[2]。

1492年完成统一的西班牙，驱逐了不愿改信基督教的犹太人，当时约有二十五万名的塞法迪犹太人移居至北非、意大利、奥斯曼帝国等地。失去犹太人资本的西班牙经济不复以往，而其他跳脱宗教黑白理论的国家，以"现实"为考虑，重新接纳犹太人，反而在经济上创造了亮眼的成绩。

威尼斯仰赖地中海贸易成长，是具有"实用性世界观"的地方，没有理由像《威尼斯商人》中所描写的那样，严重歧视迁居于此的犹太人。虽然威尼斯是世上第一个建立"犹太人居住区"的国家，但它并不是像二战时建于波兰的"强制收容所"，反而比较趋向于基督教以关怀的角度保护犹太人，如《威尼斯商人》中安东尼奥公然羞辱夏洛克的场面，不太可能发生。

安东尼奥将全部财产投资于一艘船的状况，也很不现实。实际上，威尼斯商人投资商船时，都会利用一种被称为"有限责任合作关系"的联合企业制度，同时与好几名投资者合作，合伙投资采购商业航海所需的所有装备，而不会以个人投资出发。

威尼斯商人以这种方式对各个地区的船只进行分散投资。正所谓"鸡蛋不要放在同一个篮子里"，当时的他们早已体现出"现代投资组合理论"的原则。所以，投资的船只就算在途中载着值钱的商品遇险，也不会有破产的情形发生。即便在贸易中途发生战争或天气异变等因素，导致船只无法动弹，资金还是能顺利周转，因为投资者早已进行分散投资，其他地区的船仍会陆续回航。

由此看来，安东尼奥因商船遇难而破产，被夏洛克"以刀相逼"的情况，与当时的威尼斯大相径庭。

犹太人面对的双重标准与迫害

到目前为止，《威尼斯商人》的内容和当时威尼斯的贸易状况及犹太人的处境无一吻合。我开始怀疑，除了主要章节里对夏洛克的审判外，作者又编织了其他额外的故事，到底有什么用意呢？这使我不断推敲莎士比亚执笔的真正意图究竟是什么。

只要提到《威尼斯商人》，脑海中就会浮现恶毒残忍的夏洛克的嘴脸。现在先不论作者的意图，让我们换个方向，探讨主线故事之外，巴萨尼奥求婚过程中出现的鲍西娅匣子吧！

巴萨尼奥想向鲍西娅求婚，就必须在由金、银、铅所制造的三个匣子之中选出具有鲍西娅画像的匣子。挑选匣子的人，必须先答应绝对不会告诉别人关于匣子秘密的约定，如果选错将会一辈子成为鳏夫。最后，巴萨尼奥选中了有鲍西娅画像的匣子，并得到她的爱。

没想到，比万物都珍贵的鲍西娅画像竟放在完全不值钱的铅匣子中。难道莎士比亚是想通过里外不一的匣子，在表面上描述夏洛克的失败，其实是在批判基督教的双重标准？变装为法官的鲍西娅，明明只需要让夏洛克放弃割取一磅肉，拯救安东尼奥的性命就好，却下了重大判决，不仅没收夏洛克的所有财产，还要求他改变宗教信仰。这些剧情不但不合情理，也不合法理。

裁判之前，夏洛克因可以报一箭之仇而洋洋得意，法官鲍西娅则不断恳切地劝告，要他网开一面。然而到了下半场，夏洛克情势开始不利之际，满嘴仁义道德的法官鲍西娅，却不帮夏洛克向安东尼奥求情，处理方式极为不当。每天赞颂基督教美德"爱"与"宽容"的他们，为何不对犹太人夏洛克施以相同的标准？表里不一的匣子，也许就是象征着基督教双重性格的角色——鲍西娅、安东尼奥、巴萨尼奥。

然而，当时的观众普遍把这场法庭对决当成一般的喜剧来欣赏，自以为从中获得"正义必得伸张"的痛快，寓教于乐，陶冶性情。把现实生活中遭遇的困难，怪罪给基督教的共同敌人——犹太人，其实是将基督教支配者给予的压力发泄在犹太人身上罢了。说不定莎士比亚正躲在舞台幕布后，看着这群基督教观众的反应，嘲笑嘀咕着："这群表里不一的人啊！"

《威尼斯商人》是一部能刺激多向思考的作品，表面是浪漫爱情剧，利用法庭大逆转的场面，叙述坚定的友情，然而掀开锅盖才发现它隐藏着意义深刻的内容——揭发基督教徒丑陋的双重标准。这部具有深层含义的作品中，不管是助长反犹太主义的情节，还是与英国、威尼斯实际史况不符的部分，都可以被视为是莎士比亚痛快豪爽的指控。最重要的是，我们穿越表象，从中欣赏了《威尼斯商人》的本质。

注释

[1] 莎士比亚（1564—1616年），英国剧作家、诗人，是全世界最杰出的文学家之一，其戏剧作品不断被翻译、表演，对后世文学、戏剧、电影等都影响甚巨。

[2] 另有一支德国裔犹太人与其子孙被称为"阿什肯纳兹犹太人"。中世纪以后，犹太人被分为阿什肯纳兹和塞法迪犹太人，现今居住于以色列的他们，仍有各自代表的首席拉比。

活在咖啡厅菜单上的威尼斯商人

Espresso（浓缩咖啡）、Americano（美式咖啡）、Cappuccino（卡布奇诺）、Latte（拿铁）……我们熟知的咖啡名称都是由意大利语而来的。一般指称咖啡师的"Barista"，也是意大利语。

为什么咖啡用语都是意大利文呢？

从埃塞俄比亚发源的咖啡，原本是只有伊斯兰教徒才会喝的饮料，欧洲人则是在十字军东征时侵略伊斯兰地区才初尝咖啡滋味。起初，欧洲认为咖啡不但散发恶魔之色——黑色，且是异教徒所喝的饮料，对其十分抗拒。

后来的贵族外交官与贸易商，在奥斯曼帝国统治下的君士坦丁堡尝到咖啡之美，回到欧洲祖国后，咖啡文化才从他们之中开始发芽。此时咖啡仍是不得公开品尝的饮料。

直到 1605 年，教皇克雷芒八世为这个"异教徒饮料"举行受洗仪式，正式定为基督徒的神圣饮品，开启人们享受咖啡的大门。1615 年，意大利通过与伊斯兰商人交易引进咖啡，威尼斯商人便是其中的要角。1645 年，威尼斯开了全欧第一间咖啡厅，咖啡迅速流行于欧洲，咖啡厅开始出现于欧洲各个角落。

咖啡在欧洲大陆传播的历史过程中，担任地中海贸易要角的威尼斯商人功不可没，所以与咖啡相关的用语，至今仍使用意大利语表示。

第二部

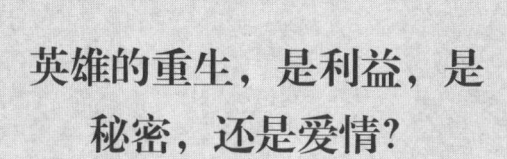

英雄的重生，是利益，是秘密，还是爱情？

不死的英雄——罗宾汉

霍华德·派尔[1]
——《罗宾汉奇遇记》(*The Adventures of Robin Hood*)

罗宾汉奇遇记——霍华德·派尔(作家兼插画家)

超人、蜘蛛侠、蝙蝠侠、钢铁侠……他们都是肩负着保护弱者、抵抗强者、拯救美女三大使命的英雄，其中谁的年纪最大？而英雄的始祖又是谁？恕我无法看完全世界口述故事的记载，不能轻易断言，但根据史料记载，最老的英雄是8世纪初以古英语命名的"贝奥武夫"。

除此之外，还有两位历史悠久、不可不提的英雄。那就是在西方社会不断于文学、戏剧、电影中被重新诠释的英雄故事——"阿瑟王"及"罗宾汉"。凑巧的是，这三位主角都与英国历史密不可分。

接下来，我们将通过他们来探讨历史与英雄故事如何相互影响、英雄怎么被创造及改造、后人又是通过何种方式让他们历久弥新。

入侵！英雄诞生的前奏

不知大家是否清楚"英国入侵"这个用词？20世纪60年代中期，披头士与许多其他英国乐团席卷美国音乐市场，当地媒体形容此为"英国入侵"。而韩国歌手于2011年大举进入日本，当地媒体也曾以"韩国入侵"作为标题，具有形容文化渲染、暗中侵入的意义。

在古英国历史中寻根探源，可以发现"入侵元祖"的痕迹，就是她创造了"入侵"这个语汇，像罗宾汉与其他英雄故事，就源自于英国被入侵的历史中。冰河时期的大不列颠岛[2]与欧洲大陆相连，在海峡生成前早有原住民居住于此。

公元前 8 至前 7 世纪，凯尔特人离开欧洲移居至此，一同成为英国先史时代的居民。公元前 55 年，罗马帝国的西泽引领军队入侵大不列颠岛，被称为"罗马入侵"。罗马人在此统治了四百年，撤守后许多罗马军人顺理成章地成为当地居民。

直到 4 至 6 世纪，欧洲各地面临了日耳曼族大迁徙的剧烈变化，大不列颠岛同样遭到日耳曼族分支——盎格鲁 - 撒克逊人的侵略。他们赶走大不列颠人，建造了自己的王国，被称作"盎格鲁 - 撒克逊入侵"。描述原住民大不列颠人大举反抗的传说，正是著名的《阿瑟王传奇》（*The Age of Chivalry*）。

接着来到 9 至 11 世纪，被称作维京人（丹麦日耳曼人）的诺曼族分支，侵略了大不列颠岛，史称"丹麦入侵"时期。不论是盎格鲁 - 撒克逊人或维京人，都是来自欧洲西北部的日耳曼人，进到大不列颠后，他们将原居地具有北欧神话与文化色彩的贝奥武夫故事口述传入。《贝奥武夫》（*Beowulf*）是一首完成于 8 世纪初的英雄叙事长诗，是用古英语记载的传说中最古老的一则。11 世纪时，诺曼的威廉一世声称自己有英国王位继承权，也入侵了大不列颠，创立了新的诺曼帝国。英国受欧洲大陆异族侵入的历史在"诺曼入侵"时期画下句点，英国史正式展开。然而诺曼入侵时期，撒克逊人从原先的侵略者，变为被统治的原住民。此时，一本描述撒克逊人反抗诺曼王朝的传说诞生了，那就是《罗宾汉奇遇记》。

《阿瑟王传奇》《贝奥武夫》《罗宾汉奇遇记》都是英国历史上对抗外敌入侵时所出现的英雄故事，但唯独《贝奥武夫》在传承中没有受到英国民间的重新诠释，加入不同元素。难道他们对于英雄化或美化侵略者历史的桥段已经感到厌恶？阿瑟王和罗宾汉却是好莱坞翻拍电影中数一数二的知名人物，甚至跳出英国，成为受全世界爱戴的英雄，与贝奥武夫正好相反。

阿瑟王与罗宾汉的故事，被后世改编，以各种形式复活，为英国的国家认同做出了不少贡献。他们在故事中壮烈牺牲，却迟迟等不到"完结篇"。与英国隔海相望的法国大革命（1789—1799年）和拿破仑战争（1803—1815年）时期，是阿瑟王与罗宾汉最为兴盛的时期。

所谓的"英雄"，即便死后也会在人们的心中再次复活，但是他们却有着天南地北的差异。阿瑟王是受到国王、贵族、骑士等统治阶层喜爱的英雄故事，罗宾汉则是一般市民的英雄。随着时代演进，阿瑟王的情节加入了圣杯传说以及其他骑士的冒险故事，渐渐转变为记录基督教骑士精神及体制守护的文学作品。

反之，罗宾汉随着时代变迁，在故事、戏剧及电影上，不断在生活周遭与新的敌人对抗，民族英雄的形象深深刻画在人民心中。大众并没有选择贝奥武夫及阿瑟王作为英雄代表，而是选择了侠盗罗宾汉，实在很有趣。现在就来看看永远的民族英雄——罗宾汉的故事吧！

"征服者威廉"统治下的民怨

罗宾汉诞生的准确年代已不可考，也没有确切的作者。他的故事是中世纪以民谣的方式传颂下来的。不仅如此，罗宾汉的年代、身份、工作还会随着版本的变化而有差异。这个章节，我将引用19世纪浪漫主义时期广受欢迎的儿童版本，霍华德·派尔的《罗宾汉奇遇记》作为阐述文本。

> 12世纪是亨利二世执政的年代。罗伯特昵称罗宾汉，因杀死了国王的鹿，逃亡到诺丁汉舍伍德森林。侠盗罗宾汉与他的一群"欢乐伙伴"，专门掠夺经过森林的高阶圣职人员、贵族的财物，以冒险为乐。
>
> 他虽违反法令，惹怒国王，但在自身处于危险中仍救了王后阿基坦的埃莉诺一命。亨利二世死后，继承王位的理查一世派人从诺丁汉舍伍德森林找来罗宾汉，收为自己的部下，并封其为汉丁顿伯爵。罗宾汉跟随国王，参与了第三次十字军东征。然而下任王位继承人理查一世的弟弟——约翰一世，却对远征归来的罗宾汉心有不满。于是，他再次回到诺丁汉舍伍德森林，在好友小约翰的怀中死去。

在霍华德·派尔的版本中，罗宾汉最主要的敌人是诺曼贵族。法国诺曼底大区公爵威廉一世，带领诺曼人大举侵入英国，在黑斯廷斯战役中，将盎格鲁-撒克逊贵族赶尽杀绝，建立了新王朝，被称为"征服者威廉"。他引进了欧洲封建制度，将领地分给自家家门及旗下的骑士。还将英国国土约三分之一的森林封为王室专用。若有人猎取森林的鹿或兔子，均会被处以死刑，这些政策使撒克逊民众怨声载道。因此在战争中存活下来的撒克逊贵族，经常躲在森林里，袭击诺曼贵族并抢夺他们的财物，再分给惨遭暴政统治的原住民们。森林里"欢乐伙伴"的传说，就是由此而来。

有人饿过了头，逼不得已猎了一头国王的鹿，因此遭判死刑，在耳朵差点被割下前，他设法逃了出来。而有的人则是被贵族或家财万贯的圣职者、地主，抢走了家园与农田，只好逃出。不知不觉中，罗宾汉身边聚集了一百名以上的山贼，他们将罗宾汉选为头目。

"经过诺丁汉舍伍德森林要注意！小心被蓝衣服的狗撕咬！"贵族、富有的圣职者、地主们经常这么说。这群人以高额税金及罚金虐待穷困之人。罗宾汉一伙人，专门等待他们经过森林，夺其财物，他们对此感到十分恐惧。

罗宾汉活跃的12世纪，是金雀花王朝的亨利二世、狮心王理查、约翰一世统治英国的时期，民众对诺曼王朝的反对声浪相当高。从征服者威廉登基以来，诺曼族统治阶层对民众的暴行不断。以英勇著名的狮心王理查，为捍卫父亲亨利二世与母亲阿基坦的埃莉诺留下来的法国领土，与马其顿国王腓力二世爆发冲突。

为了参加第三次十字军东征，狮心王理查带领大量军队远征耶路撒冷。在当时，国王不断频繁对外出战，英国民众为了缴纳战争费用，早已苦不堪言。更糟糕的是，理查一世在远征回国的途中，遭神圣罗马帝国皇帝亨利六世拘留，英国人民还得为国王赎身。经常性的税务征收与昂贵的土地税，让盎格鲁-撒克逊贵族及民众对法裔诺曼支配阶层日益不满。

因时代而进化的罗宾汉与对手

> 罗宾汉拿起酒杯说："等等，干杯，并让我说几句话吧！敬我们伟大的国王理查！让我们歼灭国王的所有敌人吧！"
> 所有人为敬祝国王健康而举起酒杯。
> 国王也为了自己而举起酒杯，并心想："这群人难道是为了歼灭自己而举起酒杯吗？"

从引述中可以看出，罗宾汉一群人虽对贵族地主心有不满，但仍对国王忠贞不贰；虽对信仰虔诚，但仍对高阶圣职者怀抱敌意。罗宾汉认为，滥用国王所赋予的特权、使百姓痛不欲生的诺曼贵族们以及没有按照神的旨意行动、贪污腐败的高阶圣职者，才是所谓的"敌人"，而非国王与基督教。由此可知，喜欢阅读罗宾汉故事的百姓，并没有仇视整个国家与宗教统治阶层。

另一位作家笔下的"罗宾汉"，除了跟着狮心王理查参战十字军东征外，还与伊斯兰教徒对抗。在此版本中，罗宾汉的敌人则是伊斯兰教徒。然而最近期的版本，2010年由雷德利·斯科特导演的《罗宾汉》中，由罗素·克洛主演的罗宾汉，明确地敌视约翰一世，并认为攻击十字军的伊斯兰教徒是与自己相同的"人"。

罗宾汉的敌人为什么随着时代推进而改变？其实这是受到每个时期观众的世界观影响，进而反映到剧情上。霍华德·派尔的版本也许是受到19世纪浪漫主义的影响，着重于描述森林中逍遥自在的生活，而不对英国国王做任何批判，唯一不变的是统治结构的框架。然而到了20世纪初，作家转为强调罗宾汉与"受益者"及"非受益者"之间的冲突。

随着敌人不断进化，罗宾汉也进化了。我很好奇将来的他会站在谁的立场，做出什么样的举动。英雄因历史事件诞生，却永远活在后人的现实生活中。

注释

[1] 霍华德·派尔（1853—1911年），美国插画家、儿童文学作家。

[2] 英国是由大不列颠岛内的英格兰、威尔士、苏格兰以及爱尔兰岛北边的北爱尔兰地区共同形成的联合王国。为了与现今的英国做区别，此处以大不列颠岛陈述。

爱取绰号的欧洲国王

如同文中提到的"狮心王理查",欧洲国王为什么大多都有别称?

西方国家经常用圣人、《圣经》人物及祖先的名字来命名,因此同一家族会出现许多"同名异人"的状况。为了方便区分,各地会为他们加上昵称或别名。例如法国传统喜欢以"腓力"命名,为了区分是哪个腓力,才又出现"奥古斯都""美男子"等绰号。

取绰号时,也会用国王的战绩及外貌特征来取名。以狮心王理查为例,第三次十字军东征时,在敌人萨拉丁面前,他展现了英勇无畏的一面,因此得到"狮子"的昵称;而征服者威廉也是因战绩得名。以外貌得名的则有"秃头查理"(查理二世)和"胖子查理"(查理三世)等。

国王的绰号中,还有现代人最爱用的"蓝牙"。10世纪左右,统一斯堪的那维亚的丹麦国王哈拉尔一世,其绰号就是蓝牙。这个特殊绰号的由来,有两种说法:一说是他非常喜欢吃蓝莓,牙上总是黏着蓝色的汁液;另一说则是他做了蓝色的假牙。开发无线传送技术"蓝牙"的公司,则是希望产品能够像完成统一伟业的"蓝牙"哈拉尔一样,统一无线传输技术的规格,而引用其名。

罗密欧与朱丽叶的浪漫抗争

威廉·莎士比亚
——《罗密欧与朱丽叶》(*Romeo and Juliet*)

罗密欧与朱丽叶——弗兰克·迪克西

《罗密欧与朱丽叶》是爱得水深火热的两人，因门不当户不对与命运的捉弄而最终造成悲剧的代表性巨作。

意大利的维罗纳有两大家门——凯普莱特与蒙太古。从前，这两家人就有着不解之仇，不论是亲戚或仆人，只要在街上遇到彼此，都免不了一场唇枪舌剑，严重时甚至会上演全武行。维罗纳的街头，总是被他们闹得沸沸扬扬，不得安宁。

小时候读着儿童版的《罗密欧与朱丽叶》，这个部分总是让我觉得最扣人心弦。为什么罗密欧与朱丽叶的家族间有如此难解的恩怨情仇？中学历史课虽提到教皇派与国王派间的冲突，但轻描淡写，解不了我心中的疑惑。当时到底发生了什么事情呢？

为何 13 世纪的意大利是一盘散沙？

罗马帝国灭亡后，查理大帝于 800 年即位，并统一了现在的法国、德国、奥地利、意大利部分地区。虽然地区有局限，然而对欧洲人来说，这意味着永远的罗马帝国再次复苏。

当时东边是东罗马帝国，也称为拜占庭帝国。拜占庭帝国的皇帝承认查理大帝为西罗马帝国之皇，除了威尼斯、南意大利、西西里岛以外的意大利地区皆为其所属；而意大利中部则由教皇管辖。

奥托一世所建立的神圣罗马帝国，10 世纪末由德国皇帝继续接管，其后他们借用该名义干涉意大利。不仅如此，除了德国皇帝外，法国国王及其他西欧国王也认同进攻意大利，唯有攻下罗马才能真正成为平天下的皇帝。会有这种"强迫观念"，是由于"罗马帝国的中心必须为罗马"一语而起。然而查理大帝与其继承者的大本营根本不在意大利半岛，而是位于阿尔卑斯以北，因为中世纪西欧国王们的"帝国观念"，才导致他们不断通过政治、军事介入意大利半岛。

至于教皇，等同现今的宗教领导者，同时是拥有意大利中部地区的领主，面对那些对意大利虎视眈眈的欧洲国王，却只能成天提心吊胆。被世俗权力及圣职者任命权包围的教皇，与国王们之间的冲突不断。夹在两者之间的意大利城邦，自然分裂为支持教皇的"教皇派"及支持神圣罗马帝国国王的"国王派"。这两大派系各自仗着教皇及国王的撑腰，互相较劲，矛盾的雪球越滚越大。

两派人马开始拳脚相向，赢家将输家的财产全部没收，并予以驱逐。输家为了再次回到家乡，养精蓄锐，为教皇或国王提供后援，招募佣兵，待权力恢复，再向赢家报仇，恶循环接连不断。13—14世纪，维罗纳地区的两派对立达到巅峰，《罗密欧与朱丽叶》的故事背景正源于该时期。

通过"流放罪"看中世纪城市的特殊结构

罗密欧杀死朱丽叶的表哥提伯尔特，最终被判流放。对于现代人来说，流放根本不算什么。然而在一城一国各持其法的中世纪德国及意大利，"流放"可说是重刑之一。大部分中世纪的人们，若出生在看不到教会高塔的村庄，可能一辈子都没机会看到。他们没有民族概念，交通与通信也不发达，独自前往没有亲戚相互照应的陌生地区，简直是"被社会判了死刑"。当时城邦之间的时间概念略有不同，甚至连使用的月历都大不相同。

  罗密欧早有不好的预感，但是他必须立刻离开。隔天天一亮，他如果在维罗纳街头被发现的话，就必死无疑了。
  不知道罗密欧与朱丽叶之间情愫的帕里斯，以为仇人蒙太古前来挖掘坟墓，大发雷霆，要他别再回来。根据维罗纳的法律，罗密欧如果在街头被发现，将会以死刑犯的身份被捕。

  中世纪的西方国家，拥有该地的领主同时具有"判决权"。当时没有所谓的"警察"，犯罪者被判刑后，逮捕、执刑的工作大部分由受害者的亲属或家人负责。追捕逃犯也是一样，人们会在国家境内共同合作追捕犯人。罗密欧若在维罗纳街头被捕，凯普莱特家的任何人都可以对他施以死刑，所以他必须尽快离开，逃到国境之外。而在墓园发现罗密欧的帕里斯，是朱丽叶的未婚夫，便是属于受害者家属的一员。
  通过"流放罪"，可以看见中世纪城邦的特殊形态，也能理解意大利贵族为何会分为国王派与教皇派，世世代代结下不解之仇。对他们而言，从先祖开始，自己所居住的城市就等于全世界。为了在那里生存，他们必须用尽全身力气，掌控该城，并驱逐威胁自身安逸的政敌。

一旦失去权力,不是让出公职位置就能了事,而是连继续在该地生活的权利都没有,因为当时并没有制衡私人仇恨的公权力——警察。

以爱情对抗社会、阶级与派别

第一次读查尔斯·兰姆与玛丽·兰姆的儿童版《莎士比亚戏剧故事集》(Tales from Shakespeare)时,我才十岁。看着书中连十四岁都还不到的朱丽叶,心里想:"这个只比我大几岁的小女孩,没有经过父母的同意,在做什么?"对于他们的爱情,我丝毫没有兴趣。成为高中青春期的少女后,我重新读了一遍,这场以悲剧作结的爱情,一点也不让我感到悸动。

我一直不能理解,为什么《罗密欧与朱丽叶》是一部不朽名作?随着年纪越来越大,我开始以新的角度欣赏这部作品,才发现它的核心原来就是我十岁那年想过的问题——没有经过父母的同意。

> "哦,罗密欧。为何你是罗密欧?为了我,拒认你的父亲、放弃你的姓氏吧!如果你不肯,那就发誓你爱我。我亦将放弃我的名字。"

上述台词出现于著名的阳台场景,朱丽叶要罗密欧抛弃姓氏,自己将会跟着抛弃名字。所谓的名字,就是姓氏,放弃它就等于放弃自己的家世。为什么？因为他们必须反抗家门姓氏所带来的束缚。

在当时的意大利，世家子弟必须跟随家中的政治路线来决定自己的人生与婚姻。"没有经由父母同意"便自由恋爱的他们，为了结婚必须抛弃一切，离开绑住自己的家世，离开对他们来说就是全世界的城邦。他们之所以成为伟大恋人的代表，并不单只因为这场以悲剧收尾的恋情，而是他们表现出了近代的个人主义，打破了教皇或教宗所支配的条例，抵抗为他们安排人生的父亲。

罗密欧与朱丽叶，对该时期根深蒂固的社会条例提出质疑，勇敢走上自己选择的路，成为恋人中最唯美的代表。在爱情的外衣里，隐藏着如此伟大的内在，至今这两位年轻人仍然在文学、歌剧、音乐剧、芭蕾、电影中与我们相遇，且直到永远。

从某方面来说，《罗密欧与朱丽叶》和韩国的《春香传》[1]有许多相似之处，两者皆是对抗封建社会的爱情故事，而他们相遇的阳台及广寒楼（《春香传》的故事场景之一）都脱离了象征现实的地面，且主角都是超级不听话的十几岁年轻人！年幼的他们不懂何谓恐惧，赌上自己的全部，对抗教皇、教宗与父亲，最后他们改变了世界。改变世界的力量总是爱，而这份"爱"源自于盲目又狂热的青春之血。

注释

[1] 描写艺伎之女成春香和门阀子弟李梦龙之间的爱情故事，主张打破封建社会的阶级之限。

朱丽叶的假死药到底是什么？

"喝下这个药，你将会沉睡。药效会让你停止呼吸四十二个小时，就像死亡一般。但是四十二小时过后，你会感觉从深沉睡眠中醒来，双眼渐开。"

让朱丽叶暂时死亡的药，是以曼德拉草制成。曼德拉草是生长于东地中海地区的一种植物，长得有点像人参。它的叶子被用来制作止痛剂，根部则是麻醉剂。因此古罗马在施行十字架刑以前，为减缓罪犯的痛苦，会让其喝曼德拉草泡的酒。传说2世纪左右，华佗曾以此作为外科手术的麻醉药。

由曼德拉草调制的药剂，经常在西方文学作品中出场。《奥德赛》（*The Odyssey*）中的魔女喀耳刻，就是使用它来让奥德修斯的同伙变成猪，因此曼德拉草也被称为"喀耳刻草"。电影"哈利·波特"系列中也有它的踪迹，回想哈利在药草实习课上，从花盆中摘了某种植物，结果从红土中拔出一个根部有着婴儿脸般的植物，并发出巨大的声响，这个植物叫做"Mandrake"，也就是曼德拉草的英文名称。

除了曼德拉草之外，文艺复兴时期的意大利文学作品或历史书籍中，还可以看见各式各样的药物及毒剂。当时冲突与战争一触即发，"毒杀"随处可见，朱丽叶的假死药不但反映出意大利城邦的政治体系，也反映出与东方贸易交流频繁后物资丰富的经济背景。

钟楼怪人的爱情如何瓦解身份阶级?

维克多·雨果[1]
——《巴黎圣母院》(*Notre-Dame de Paris*)

著名小说《巴黎圣母院》的原文名称为"Notre-Dame de Paris","Notre-Dame"意指"我们的贵妇人",也就是"圣母玛利亚",因此供奉圣母玛利亚的教堂都被称为圣母院。而所谓的"圣母院",绝非意指一个特定的教堂,甚至我家隔壁现在就有一间圣母院呢!不过归功于维克多·雨果的小说,人们只要提到圣母院,第一个联想到的即是"巴黎圣母院"。

1482年,巴黎圣母院前的广场,副教主克罗德对眼前舞姿曼妙的吉卜赛美女埃斯梅拉达一见钟情。他命令教堂的钟塔守护者——卡西莫多去绑架她。当卡西莫多被丢弃时,是神父将他留下、抚养长大,因此他对神父向来唯命是从。

然而在卡西莫多绑架埃斯梅拉达的瞬间,正在巡查的国王警卫队菲比斯出手相救,埃斯梅拉达因此对菲比斯一见钟情。被逮捕的卡西莫多遭公开惩罚,不过埃斯梅拉达仍原谅了他,此时卡西莫多开始单恋埃斯梅拉达。

埃斯梅拉达与菲比斯趁着夜晚约在旅馆幽会,嫉妒的克罗德冲进去刺了菲比斯一刀,落荒而逃。埃斯梅拉达以杀人罪被逮捕,并被严刑逼供,要她承认自己用巫术诱惑菲比斯。敌不过酷刑的她,最终承认罪行。埃斯梅拉达要被公开处决之时,卡西莫多出现,救了她,逃往教堂。

中世纪的教堂是圣地,不论任何罪犯在此,都不得实行逮捕。乞丐们准备冲进教堂救出埃斯梅拉达。进到教堂后,路易十一惊觉苗头不对,眼看一场暴动就要发生,因此动用了公权力,逮捕埃斯梅拉达,并将其处刑。

此时克罗德正在欣赏埃斯梅拉达遭行刑的场面，看见此景的卡西莫多勃然大怒，将他从圣母院的塔顶推了下去。

两年后，人们在安葬埃斯梅拉达的地下墓穴中，发现了两具紧紧相拥的骸骨。其中一具，就是卡西莫多的遗骸。

首先从时代背景讲起，从中世纪西罗马帝国灭亡到文艺复兴时期，约有一千年的历史。1453年，奥斯曼帝国占领拜占庭帝国首都君士坦丁堡后，通往东方的贸易通路遭阻挡，欧洲各国开始找寻新航线。大航海时代由此开始，以西方为主的近代世界就此形成。

该小说背景发生在1482年，是哥伦布抵达美洲大陆的大约十年以前。从巴黎的历史看来，正好是路易十一为独裁王政打下基础的时期，可说是从中世纪末跨越至近代的过渡期。雨果的作品将该时期的巴黎与市民描绘得栩栩如生。

中世纪身份阶级至此瓦解？

中世纪的社会分为三个身份阶级，一是负责祈祷的圣职者，二是负责战斗的骑士，三是负责一般工作的农奴。有趣的是，与女主角埃斯梅拉达有感情戏的三位男性，正好属于三个不同的阶级：身为教堂神父的祈祷者克罗德、隶属国王警卫队的战斗者菲比斯，还有负责教堂工作的卡西莫多。中世纪的人们，一辈子都无法脱离所属的阶层，且低阶者必须完全服从高阶者。

但卡西莫多并非如此。一开始他对克罗德唯命是从，后来开始违抗命令，最后甚至把恩人兼养父克罗德推下塔顶。是什么改变了他？而作者又想通过卡西莫多的变化表达什么？

> 那奇丑无比的面容，既非化妆，也不是面具，而是一个人的容颜。除了那张脸以外，他的背鼓得像个大包，胸膛蜷曲，连呼吸都不着痕迹。

卡西莫多因丑陋的面貌及身体的残缺，一出生就被丢弃在教堂。奇丑无比的外貌，加上守护钟塔的低阶工作，使卡西莫多的爱情逃不过失败的宿命。他无法让喜欢上菲比斯的埃斯梅拉达回心转意。他虽不像菲比斯般帅气，也不像克罗德一般四肢健全，但他不是伪善者。即便心上人埃斯梅拉达被诬陷为巫女，走上刑台，他仍坚决守护自己的爱情，从死刑场中救回埃斯梅拉达，保护她远离不怀好意的克罗德。

曾经他什么都不懂，把养育他的克罗德当成恩人，唯命是从。但知道真相后，他开始反抗。因此，卡西莫多推出去的不只是克罗德，而是一并抛弃了中世纪的身份制度。圣职者、战斗者、劳动者的中世纪阶层关系瞬间瓦解，一份追求纯粹自我欲望的近代个人主义就此诞生。

路易十一的权力与义务

> 像怪物一样的观众，突然像风一般跳了出去，抓住

绳子，一溜烟就到了楼下。他同时打倒两位死刑执行者，轻快地抱起埃斯梅拉达，逃往教堂。

他就是卡西莫多。

"圣域！这里是圣域！"在卡西莫多的呼喊下，群众们掌声如雷。

在法国原版中，"圣域"的原文是"Asile"。这个单词是中世纪的"避难所"，意味着治外法权的领域。即便是杀人犯，只要进入该领域，任何公权力都无法在此逮捕犯人。中世纪西方除了教堂之外，还有很多地方也是圣域，甚至还有"时间限制"的圣域，例如举办庆典、市集的期间是神圣的时间，在此时间禁止有任何冲突。

而路易十一为了逮捕埃斯梅拉达，动用公权，派人进入圣域——圣母院，该场面描绘出社会正往现代迈进的过程。在中央集权的国家统治下，圣域已不存在，取而代之的是以警察或军人来控制时间及空间的权力。况且在现实中，路易十一有绝对的义务阻止前去营救埃斯梅拉达的乞丐帮。城市能为国王带来极大的收益，而国王除了管理城市外，阻止城内下层民众集体暴动，也是他的义务之一。

来自社会动荡的猎巫行动

被刺杀的菲比斯，把旅馆幽会归咎给埃斯梅拉达的"巫术"，企图把罪行推给巫女，守护自己的名誉。

但是埃斯梅拉达为何这么容易就承认自己是巫女？埃斯梅拉达的想法是一种"常识"，因为结果既然都是要被处刑，为何不在逼供之前自首，速战速决？由此可知，当时的猎巫行动有多频繁、严刑拷问有多心狠手辣了。

回到小说的时代背景——1482年。对主角埃斯梅拉达的迫害，并不是我们熟知的中世纪黑暗时期的猎巫行动。她遭受迫害的时间点是中世纪迈向近代初期的宗教改革时期。由此可知，该时期的猎巫行动并非源于宗教信仰，而是来自社会动荡。特别在政治混乱的时期，统治阶层会借由猎巫行动来除掉那些想密谋造反的人。

维克多·雨果在1831年7月写下这部作品，当时法国"七月革命"正好结束。也许是一旁宁静地参与了法国大革命和"七月革命"的圣母院启发了他的构想，让他写出这本小说。卡西莫多与埃斯梅拉达死后紧紧相拥，表面上是一场不朽的爱情，实际上反映出现代人在个人价值上的变化过程。因为在作者写下本书的年代，有无数的卡西莫多踢倒巴黎街道上的路障，更有无数的克罗德被赶出圣母院。

注释

[1] 维克多·雨果（1802—1885年），法国浪漫主义的代表作家，代表作有《悲惨世界》（*Les Misérables*）、《巴黎圣母院》等。

扑克牌上遗留的中世纪身份阶级

前文提到中世纪社会由三个阶级构成——负责祈祷的圣职者、负责战斗的骑士与负责一般工作的农奴。在现今的扑克牌上，我们仍可见其踪影，也就是每张牌角落的黑桃、红心、方块及梅花。

黑桃是由意大利语的"剑"而来，即贵族的象征；红心则是由"圣杯"变形而来，象征圣职者；方块由"货币"变形而成，象征商人；最后，梅花是由"棍棒"变形而成，象征农夫。以前的纸牌上，会在农夫的棍棒上印上梅花，随着后代传承，棍棒被省略，只剩下梅花。

无法停止的抗战——法国英雄圣女贞德

弗里德里希·席勒[1]
——《奥尔良的姑娘》(*Die Jungfrau von Orleans*)

奥尔良的姑娘——约瑟夫·拉扶斯

突然跳出世界童话、名著，介绍圣女贞德这位真实存在的人物，好似有些突兀。不过关于贞德的历史，仅有审判的部分具有真实可信度，她其余的人生，后人只能通过文学创作来加以推断，而德国文豪席勒笔下的《奥尔良的姑娘》正是最具代表性的文学作品。

超过百年的战争，助长爱国心与民主

圣女贞德是引领法国战胜百年战争的著名爱国女英雄，但是这场战争不只打了一百年，而是从1337年开始，1453年结束，历时116年。不过，真的打了那么久吗？

其实，英法两国并没有年年都发动战争。根据当时封建制度的契约，骑士每年有四十天左右的从军义务，一旦天数做满，不论战况如何激烈，骑士们都会回到自己的领土，因此中世纪的战争并非接连不断。加上14世纪中期鼠疫猖獗，两国都不得不中断战争。反复开战与休战，战争的时间越拖越长，估算下来约百年，因而被称为百年战争。

这场百年战争是因英格兰国王爱德华三世侵略法国而起。法兰西国王查理四世在没有继承者的情况下死去，法兰西卡佩王朝就此中断。随后他的堂哥腓力六世继承王位，建立了瓦卢瓦王朝。对此，法兰西国王的外甥——英王爱德华三世，主张自己同样拥有王位继承权，并跨越海峡上岸，点燃战争之火。

法兰西以强大的军事实力占领了军事要地加莱，其后更占领了法国三分之一的领土。到此为止，是战争的前半期。后半期因查理六世精神病发，为寻求替代者，法国境内的贵族产生内乱，分裂为支持勃艮第公爵的勃艮第派以及支持奥尔良公爵的阿马尼亚克派。

言简意赅地说，当时法国境内被区分为三块——英格兰领土、事实上独立的勃艮第公国和法国。在法国内讧不断之下，1415年英王亨利五世再次觊觎王位，侵略法国。当时身为王位继承人的查理七世，看着法国北部大部分的领土都被英格兰及勃艮第公国占领，开始逃避现实。此时找上查理七世，引领士气萎靡的法国军队击败英格兰，赢得百年战争的十几岁农村少女，正是圣女贞德。

1453年，法国从英格兰手上夺回加莱以外的所有国土，百年战争终于结束。对于当时的统治者来说，国家领土就等于私人领地，而百年战争的起因，就是相互竞争的王朝间爆发了王位继承问题。然而战争时间越拉越长，法国人民已经受够了横行霸道的英军，民族意识逐渐增长。战争结束后，不仅削弱了参与战争的贵族势力，法国国民的爱国心也因此增长。借由百年战争，法国成长为中央集权的民主国家。

依个人利益而定的圣女与女巫

关于圣女贞德的出生年份并没有确切的记载，在洛林附近的村庄栋雷米出生的她，某天接到神的指示，要她拯救法国，因而她找上了查理七世。

获得军事指挥权的贞德，击败了占领奥尔良的英军，接着为了让查理七世举办加冕仪式，她夺下了兰斯。为什么查理七世的加冕仪式一定要在兰斯举行？因为在法国传统中，继承人必须在兰斯大教堂进行加冕，才能成为正式的国王。其缘由来自法兰克王国[2]的第一代王克洛维一世，他在兰斯大教堂中受洗成为天主教徒。

在兰斯举行的"国王涂圣油仪式"，代表国王成为被神赋予权力的人。挑战王权不仅是犯了叛国罪，还等同犯下亵渎罪。因此查理七世在兰斯的加冕仪式，是百年战争中非常重要的关键点，他等于获得了其他贵族无法违抗的权势。举行加冕仪式的查理七世，就像是沾了贞德的光。

后来贞德打了败仗，被勃艮第军队俘虏后转交英军。然而查理七世与亲信们却不认为有必要付大笔赎金救她。他们在贞德胜利时相信她是圣女，但失败时却开始怀疑"神的指示"的真实性。贞德最后在鲁昂受审，1431年以"女巫"罪被处刑，查理七世对此置之不理。

圣女贞德的罪名有下列几种：女巫、宗教异端、偶像及恶魔崇拜、叛教、暴力煽动甚至穿着男装。连穿着裤子都可以作为罪名，真是荒唐至极。但我们必须体谅中世纪人们这种奇怪的审判。贞德看见幻影，听见启示之音，对于宗教裁判者来说并不是异端邪说，因为对当时的人而言，这是一种奇迹，而问题的症结点在于"启示之音"究竟是谁的声音？是神的声音，还是恶魔的声音？贞德究竟是听到神之音的圣女，还是听到恶魔之声的巫女？判断标准因人而异，说穿了，其实是因"个人利益"而异。

———— 第二部　英雄的重生，是利益，是秘密，还是爱情？————

当圣女贞德击退英军时，法国人民视她为圣女，相信神派圣女下凡带领他们战胜敌军。然而对战败的英国而言，显然认为神明应该是站在自己这边的，但贞德妨碍神的旨意，才使他们战败，就是女巫无误。

> 自称"少女"的贞德，超过两年的时间，跨越神的规则、女性的地位，成为一位"男人"，谎称自己是上帝的使者，与天堂的圣人有交情，导致无知的百姓掉入异端思想的漩涡里。这个女人还在战争中引领军队，犯下人类不该犯的凶残行径。然而上帝发挥了他的慈悲，将这位迷途的人类交到我们手里。仿佛是上帝正宣示着他的灵魂，不可能住在这女人的躯壳里。
> ——英格兰国王亨利六世
> 引自赫尔伯特·奈特《圣女贞德》

> 纯洁的女人——圣女贞德证明了当国家独立受威胁时，法国守护神将会实现所有奇迹。
> ——拿破仑一世
> 引自赫尔伯特·奈特《圣女贞德》

双方人马都认为神站在自己这边，贞德的悲剧便由此而生。然而重点并非贞德是圣女还是女巫，又或者只是一位宗教狂热的少女，重点是那些利用贞德夺取自身利益的人，反过来诬陷她为女巫，使其命丧黄泉。

从圣女到灭口，无法言谈的真相

然而，贞德的死却另有原因。真正的原因出在贞德是一位出身卑贱、没受过教育的女子。这样的她竟敢大放厥词，要守护从男性贵族统治者手上失去的江山，还声称自己越过男性祭司主导的教会，直接与神有所接触。

法国国王查理七世在贞德的帮忙下，登基成为名副其实的国王，夺回自己的王国。但是接受身份卑微的贞德的帮助，对他来说无疑是种羞耻。对于国王来说，受到民众欢迎、政治影响力极高，甚至被推崇为圣女的贞德，跟外患势力英格兰一样危险。于是，法国国王选择将她丢下。

贞德以女巫罪被判处火刑，同样成为查理七世的政治弱点，因为他变成了一位"受女巫协助登基的国王"。因此法国军队夺回鲁昂之后，1455年查理七世在巴黎圣母院宣布：英格兰对于贞德判决的所有罪行皆属无效。国王是真心想恢复贞德的名誉吗？事实并非如此，他只不过是想恢复自己的名誉罢了。

中世纪末，出现了大量欧洲女性神秘主义者，声称自己看见了圣母或天使幻影，并听见神的启示。除了因此被质疑为异端分子、当成魔女进行宗教审判外，仍有一部分人被承认为圣女，而被认可的少数者大多是贵族出身、有教养的女性。没受过教育的农村少女贞德，无法以共同语言向男性支配的传统教会说明那段神秘的经历。贞德无法为自己辩护，也不知道自己的言语和行为具有何种意义，更不知道它将带来什么后果。

贞德与教会约定，不得穿着违反《圣经》的男装，但是进到监狱后她差点被看守强暴，为了保护自己，她再次穿回男装。而违反约定的她，因此被送上火刑台。经过漫长的岁月，在1920年，对贞德施以火刑的天主教会将她封为圣女。但这并不代表教会愿意忏悔过错，这次的封圣与查理七世的初衷相同，是经过政治利益盘算后的结果——罗马教皇想修复因第三共和国[3]政教分离原则而变得尴尬的双方关系。从贞德被处刑到恢复名誉的过程，就可以看出她"该死"的真正原因。

每个时代下死而复生的圣女贞德

圣女贞德在历史上复活了好几次。首先，死在火刑台上的贞德，随着岁月飞逝，因时代的需求与政治势力的利害关系，被"救活"了。过程中，贞德的形象一直不断被操作及改变。英雄在世时是危险的存在，然而死而复活的英雄却沦为易于操控、用来维持社会体制的存在。

1871年，在普法战争[4]中战败的法国，将贞德作为战斗国家主义的象征。境内各地纷纷打造贞德的铜像，一座可以放眼阿尔萨斯（普法战争后割让给普鲁士）的山丘上，便打造了一座高举旗帜的圣女贞德骑马像。1875年，巴黎金字塔广场也兴建了一座圣女贞德骑马像，铜像前至今仍是极右派主义分子的示威集合地点。第二次世界大战时，在纳粹统治下的傀儡政府——维希政府（维希法国），在煽动与德国合作、反犹太主义时，也使用了贞德作为海报主角。

不只是圣女贞德的祖国——法国，全世界都在消费她的形象。独立战争中的美国，与法国百年战争相同，都是向英国抗战，圣女贞德也因此出现在海报之中。贞德出生于曾经隶属神圣罗马帝国下的洛林，德国方面还曾出现她是德国籍的主张。明治时期（1868—1912年）的日本，为了宣扬对天皇与祖国的忠诚，特将贞德的故事收录至教科书中。

此外，贞德也以爱国少女的形象出现于被殖民的弱势国家中。以韩国为例，1907年，韩国启蒙运动家兼政论家张智渊通过改编的《爱国妇女传》，介绍了圣女贞德的传记。而我也想起前总统全斗焕执政时期，收录在中学语文课本里的《三月一日的天空》，是诗人朴斗镇用来歌咏韩国独立运动家柳光顺与圣女贞德的诗。

死去的圣女贞德，随着后代势力撼动大众的企图，再次复活。死去的她并没有真的死去，仍然以战士的身份与自己曲折的形象抗战。因此，法国作家阿纳托尔·法朗士说：

> 少女战士、先知、天师、看见主的天使……人们这么看她。同时也视她为怪物。人们看见自己想看的，跟着自身形象而梦想……究竟何时人们才能承担起真正的圣女贞德？
>
> ——引用自赫尔伯特·奈特《圣女贞德》

注释

[1] 弗里德里希·席勒（1759—1805年），神圣罗马帝国时期的诗人、剧作家、哲学家和历史学家，是启蒙文学的代表人物。

[2] 法兰克王国，建立于5—9世纪中欧和西欧的王国，罗马帝国灭亡后，成为中欧最重要的国家。

[3] 法兰西第三共和国，1870—1940年统治法国的政权。1905年，法兰西第三共和国制订了政教分离法，规定政府在宗教事务上必须采取中立的态度。

[4] 普法战争，由法国发动，最后以普鲁士大获全胜、建立德意志帝国告终。

贵族义务的始祖——加莱义民

位于法国北部的加莱，一直是英法两国历史上重要的战略要地。它与英国多佛隔着多佛海峡相望，距离仅三十四千米。

加莱于百年战争期间（1347年），经过十一个月左右的顽强抵抗，仍沦入英军之手。英格兰国王爱德华三世对加莱长时间的反抗感到愤怒不已，打算杀死所有加莱市民。此时市民代表出面向国王求情，国王却要求加莱派出六位最富有、最具声望的市民，将绳子绑在他们的脖子上，赤脚走向英军阵营，并呈上象征臣服的城市之钥后，再接受绞刑，那么他就会放过其他市民。

对此，加莱最富有的人圣皮埃尔率先表示自愿。接着市长与其他六位上流人士跟进，总共有七人自愿。他们决定，第二天早上最晚到的人就被除名。令人意外的是，第二天早晨最先自愿的圣皮埃尔竟没出现。他为了避免其他人的决心有所动摇，早在家中上吊而死。其余六人按照约定，到国王面前准备受刑，就在这瞬间，怀孕的王后也为他们求情，国王因此放过他们。这就是加莱市民"贵族义务"的由来。

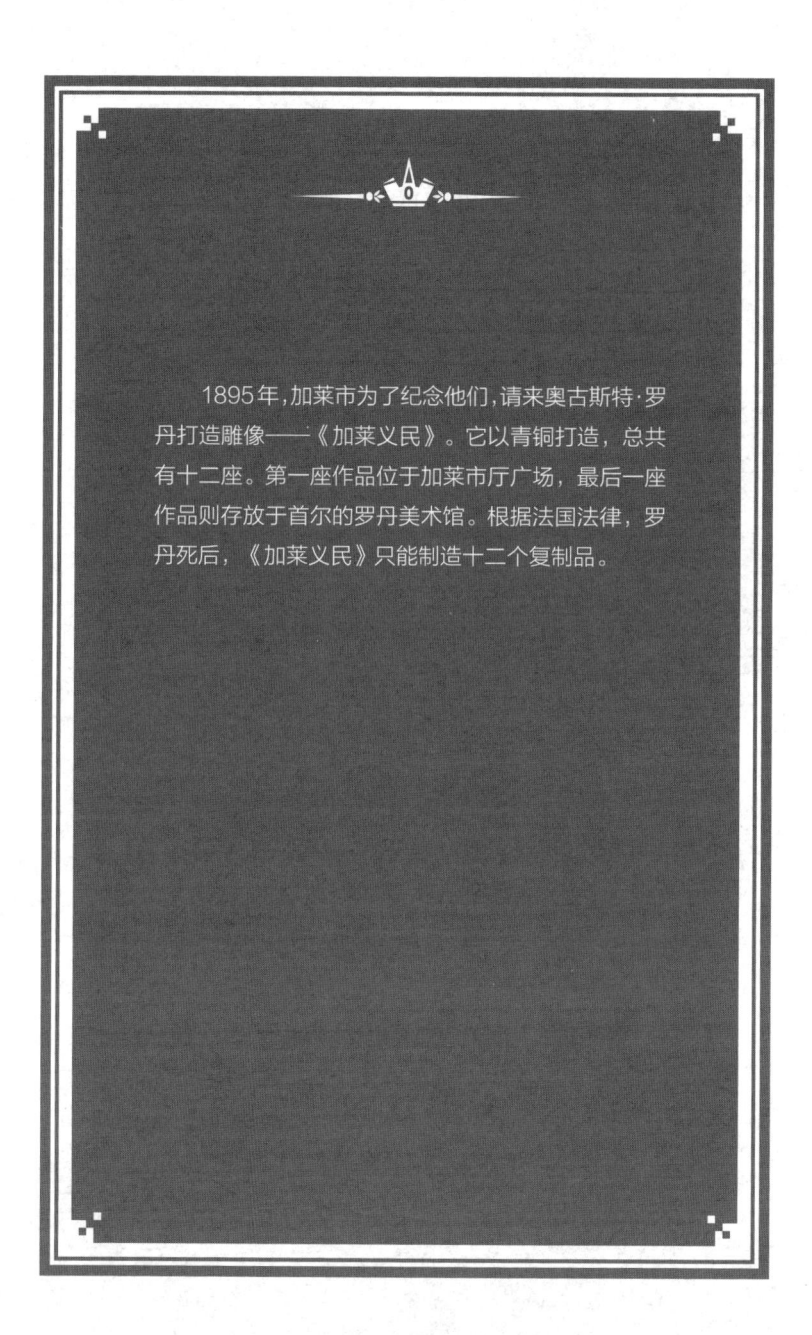

第二部　英雄的重生，是利益，是秘密，还是爱情？

1895年，加莱市为了纪念他们，请来奥古斯特·罗丹打造雕像——《加莱义民》。它以青铜打造，总共有十二座。第一座作品位于加莱市厅广场，最后一座作品则存放于首尔的罗丹美术馆。根据法国法律，罗丹死后，《加莱义民》只能制造十二个复制品。

罗马尼亚的民族英雄——吸血鬼德古拉伯爵

布莱姆·斯托克[1]
——《德古拉》（*Dracula*）

德古拉的原型、真实历史人物弗拉德三世——作者不详

《齐舞歌》这首韩国传统民谣的由来，据说与万历朝鲜之役[2]时入侵朝鲜的日本将军加藤清正有关。1592年，加藤清正在庆尚道高灵郡的茂溪战斗中遭到袭击而逃，看到此场面的人们，痛快地大喊："快哉啊，清正退走啦！"人们便将此句放入《齐舞歌》的副歌中传唱。

加藤在万历朝鲜之役时进攻咸镜道，俘虏了王子临海君，并在"白头大干"[3]山上猎老虎。在韩国民间故事中，加藤总是以穷凶极恶的形象登场。当然，日本方面并没有提到加藤在韩国的行径，而是歌颂他为勇猛忠诚的将军，是建造熊本城的城主。

在西方，德古拉和加藤清正一样，被形容为残忍的领主，但是在罗马尼亚国内，他却是勇猛无惧、对抗伊斯兰势力的民族英雄兼将军。自古以来，想研究穿梭于战场的将军评价为何，就必须同时参考交战双方的说法。

历史英雄与吸血鬼传说

德古拉是真实存在的历史人物，是现今的罗马尼亚、中世纪时的瓦拉几亚公国领主——弗拉德三世。一般我们称他为弗拉德三世·采佩什。"采佩什"在罗马尼亚语中是"铁签"或"柱子"的意思。他经常拿削尖的木柱穿过俘虏或犯人的身体，施以极刑，因此得到"穿刺王弗拉德"的称号。

而德古拉一名的由来缘起于其父弗拉德二世。弗拉德二世曾被匈牙利齐格蒙特国王赐予"龙"的称号，在罗马尼亚语中，龙叫作"德古"（Dracul），为表示他为弗拉德二世之子，又在后面加了"a"字母，因而成为"德古拉"。在罗马尼亚历史上，德古拉是与奥斯曼帝国勇敢抗战的民族英雄。20世纪后期，统治罗马尼亚超过三十年的独裁者尼古拉·齐奥塞斯库，曾在各地打造德古拉的铜像，以合理化自己的权力。

1476年，德古拉死于与奥斯曼帝国的战争之中，尸体惨遭斩首。他的头颅被交给伊斯坦布尔（1453年前的君士坦丁堡）的穆罕默德二世（也被称为征服者穆罕默德）手上。传说中，德古拉的无首尸身被埋葬于斯纳戈夫教堂，但不久后立即消失，因此产生他为不死之身的吸血鬼之说。而德古拉生前各种残暴的行为，让传说更加栩栩如生。

更重要的是，罗马尼亚语中的"龙"（Dracul），是同时具有"龙"（Dragon）与"恶魔"（Devil）之意的同音字。从不同的角度来看，他也许属于英勇的"龙骑士团"，也或许是邪恶的"恶魔"。

实际上，奥斯曼民众非常害怕德古拉。有人盛传，当年被派遣来的奥斯曼外交代表们因不愿将头巾取下，德古拉就在他们的头上钉了铁钉。对于奥斯曼人来说，德古拉三个字就象征着恶魔。加上15世纪中叶，传染病猖獗。当时的人们相信，因传染病而死的人会成为吸血鬼，因此病患死后要在其心脏部位插上桩柱后焚烧；而德古拉竟让濒死的患者穿上奥斯曼军服，派他们潜入敌军之中。

德古拉这招将传染病患者送进敌军的战术，不仅是细菌战，更会达到让对方恐惧的效果，使伊斯坦布尔人不断处在随时会被袭击的惊慌之中。因此德古拉的头颅被送到穆罕默德二世手上后，为了让伊斯坦布尔市民安心，还被高挂在城门前展示。由此可知，为何土耳其至今仍有许多关于德古拉的负面传说。

另外，还有一件非常诡谲的事。为什么德古拉是以西方基督教文化圈里著名的魔鬼现身，而非伊斯兰文化？他怎么会在自己人手下成为吸血鬼？现在就让我们打开布莱姆·斯托克的《德古拉》一探究竟吧！

维多利亚时代的吸血鬼热潮

首先，从文化层面入手。1897 年，布莱姆·斯托克的《德古拉》一书当中叙述，德古拉意味着"不祥的存在"。而作者又是从哪里取材的呢？

斯托克从小就喜欢阅读虚幻小说，所以经常阅读吸血鬼界无人能敌的小说——《女吸血鬼卡米拉》（Carmilla）。正在构思新小说的斯托克，找上匈牙利布达佩斯大学[4]东方语言系教授兼东欧历史与故事专家——凡贝利，让他给自己讲解弗拉德三世的故事。得到灵感的他，创作出"德古拉"这个角色，小说《德古拉》也大受欢迎。

不过，男主角德古拉之所以成为吸血鬼始祖，也有许多后世话剧及电影的助力。特别是 1931 年由美国托德·布朗宁导演，请来贝拉·卢古西主演的电影。他那油头发型、贵族西装加上黑色披风，创造出同时拥有东欧贵族身份兼具斯拉夫族外貌的德古拉形象。

英国书记员乔纳森·哈克，被某位想在伦敦购买不动产的伯爵聘用，只身前往位于特兰西瓦尼亚的德古拉伯爵城堡。抵达后，哈克发现德古拉为吸血鬼的事实。

死里逃生的他，终于设法逃回英国，然而德古拉却早他一步抵达，并向他的未婚妻米娜及好友露西下手。露西的追求者们找上吸血鬼猎人范海辛博士，处决已经成为吸血鬼的露西，并和德古拉正面交锋。不幸的是，米娜也成为了受害者，博士与追求者们便计划利用米娜捕捉德古拉。最后，他们回到特兰西瓦尼亚城堡找到德古拉，将他处死。

英国维多利亚女王时期，在布莱姆·斯托克的《德古拉》之前，早有许多吸血鬼小说。大部分的研究者认为，该现象与当时社会的双面道德观有关。也就是说，表面上吸血鬼小说是惩恶扬善的小说，但另一面却是隐晦地满足了读者的趣味。

有人批评吸血鬼热潮肇因于世纪末的堕落风潮，和浪漫主义时期（开始于18世纪德国的艺术、文学及文化运动）留下来的异国情趣有关，连波德莱尔和歌德都像追逐流行般，将吸血鬼作为题材。在这里，我就不多做文学方面的分析了，因为我更想了解西方人为何讨厌、害怕同为基督教徒的德古拉。

―――― 第二部　英雄的重生，是利益，是秘密，还是爱情？ ――――

从地图上一窥德古拉的历史据点

15世纪，君士坦丁堡被奥斯曼帝国攻陷后，东罗马帝国灭亡，相邻的欧洲各地对于迅速膨胀的伊斯兰势力备感恐惧。对于西欧来说，现今的罗马尼亚、匈牙利地区的领主，就像是防止伊斯兰势力侵入的防洪堤一样。德古拉是主要活跃于巴尔干半岛的领主，他在此抗战，其他西方基督教势力因担心战况，也会派人运送物资。照理来说，德古拉不管再怎么残忍，理应都是经过敌军加油添醋的讯息。位于遥远的西方、作者所居住的英国，为什么会掀起《德古拉》热潮呢？

解答就在当地口耳相传的德古拉传说中。据说，德古拉除了在喀尔巴阡山脉的特兰西凡尼亚地区拥有城堡外，在欧洲其他地区还有另一个隐身之处，据说就位于比利牛斯山上。比利牛斯山位于伊比利亚半岛，是西班牙与法国之间的天然界线，与德古拉的故乡巴尔干半岛相隔万里。人们对于德古拉在远方设置隐身之处会有什么感想呢？

先参考一下地图。德古拉的住所——喀尔巴阡山脉，与藏身之地——比利牛斯山脉，正好就位于过去基督教势力与伊斯兰教势力的界线之上。由此看来，西方人对吸血鬼德古拉的恐惧，应该是源于欧洲人对伊斯兰势力根深蒂固的恐惧。

位于巴尔干半岛的喀尔巴阡山脉，历经了基督教势力对伊斯兰势力、日耳曼势力对斯拉夫势力的洗礼，在历史上一直是文化对立冲突的地方。冲突与战争招来传染病猖獗与大量屠杀，使得西欧与其他巴尔干半岛地区出现独特的传说及民间信仰。来往于罗马尼亚北部地区的德国商人,将德古拉的传说印刷成木版画,开始在欧洲各地流传。该地虽为西欧人对抗奥斯曼的共同防御线,但战败后,西欧人却不把巴尔干半岛人视为与自己相同的欧洲基督教徒。因此,传入西欧的德古拉故事渐渐变得更加扭曲、诡谲。

19世纪,随着帝国主义崛起,英国人企图侵略开始衰落的奥斯曼帝国。英国人将过去勇敢对抗奥斯曼的德古拉,视为恶魔。在西欧人眼里,曾被伊斯兰势力统治过的所有地区,不管是基督教徒或伊斯兰教徒,都是盲目无知且迷信的异教徒。拿破仑一世曾说:"跨过比利牛斯山就是非洲。"西欧人认为过去被摩尔人所统治过的伊比利亚半岛,也非常野蛮。甚至为了与其他欧洲人区分,称伊比利亚半岛的欧洲人为"白摩尔人",仅因比利牛斯山脉以南的伊比利亚半岛曾为摩尔人所统治。

或许正因如此,《德古拉》中前往城堡抓德古拉的范海辛、哈克与追随者们才自称为"十字军"吧!

外貌里暗藏的恐惧与认知

我们先来看看书里对德古拉外形的描述:

> 他的脸蛋细长而立体,在弯曲的鹰钩鼻上,圆浑的额头显得突兀……茂密的胡子下,有着怪异的獠牙和不易见的嘴巴,给人一种果决,不,是残忍的印象……奇怪的是,扁平的手掌中央有一撮毛。指甲虽长,却整理

穿刺公弗拉德三世——马库斯·艾亚

得很好，末端非常尖利。

德古拉的鹰钩鼻是犹太人的特征，而獠牙和掌心的毛则是狼人的特征。德古拉的外貌，充满了长久以来西方人痛恨和恐惧的特征。

将过去基督教与伊斯兰势力发生冲突的地区，与吸血鬼传说扯上关联，而西方人排斥的人种传统特征也反射在德古拉的外貌上，这意味着什么呢？这不正是表现出西方人对其他人种及文化根深蒂固的偏见、不安与害怕吗？因不了解而害怕，因害怕而认为对方是邪恶的存在。因此，法国著名作家安德烈·马尔罗说："德古拉，是现代创作中唯一一部神话。"而神话可以反映出拥趸者"对世界的认知"。

注释

[1] 布莱姆·斯托克（1847—1912年），出生于爱尔兰都柏林，学生时期即投身于戏剧界，1897年出版了《德古拉》一书始闻名于世。

[2] 万历朝鲜战争，指1592—1598年间，日本丰臣政权与中国明朝、朝鲜之间爆发的战争，朝鲜方面又称"壬辰之乱"。

[3] 白头大干，指长白山（朝鲜一侧称白头山）到智异山间一连串的山脉，在朝鲜日据时期被视为朝鲜半岛的脊梁。

[4] 布达佩斯大学，于1950年更名为罗兰大学。

[5] 伊丽莎白·巴托里，1560—1614年在世。

女版德古拉伯爵的真相

匈牙利的伯爵夫人伊丽莎白·巴托里[5]，是著名的女版德古拉伯爵。为了让自己青春永驻，她残杀许多少女，用她们的血来沐浴。这些残忍至极的行为被揭穿后，她于1611年接受审判，被关进早已废弃的单人监狱中。

她是东欧地区领主。丈夫死后，当时身为继承人的儿子还十分年幼，她独自掌管领地，招募佣兵继续与奥斯曼之间的战争。虽说没有客观的历史材料，不能轻易断言，但是有关这位伯爵夫人的嗜血故事不仅流传广泛，还充满阴谋诡计。

身为女性领主的她，不仅要对付内贼，还要对抗外患，也许因此不得已才采取恐怖统治的手段。不论她是不是吸血鬼，揭穿她的罪行，让她下台后的实际获利者究竟是谁？告发并目击伯爵夫人犯罪现场的人，正是她的表兄图尔索伯爵。

看到这里，大家不觉得事有蹊跷吗？伯爵夫人的罪名究竟是否属实呢？

真正的骑士精神，疯狂的唐·吉诃德

塞万提斯[1]
——《*唐·吉诃德*》（*Don Quijote de la Mancha*）

唐·吉诃德——葛宏德维
（本名为基恩·伊格纳斯·伊西多尔·杰哈德）

先说一件丢脸的事。小时候第一次看《唐·吉诃德》时，以为他是"头脑不正常、疯掉"的诃德，殊不知"唐"（Don）在西班牙文里是对贵族男性的尊称[2]。不过有这种误会的人，好像不止我一个。因为把唐·吉诃德的侍从桑丘·潘萨当成法官的人也不少[3]。在西班牙文里，"Panza"意指"鼓鼓的肚子"，因此桑丘还有个别名叫"胖子桑丘"。

追求梦想的中年冒险

《唐·吉诃德》是描述没有疯的老人唐·吉诃德和不是法官的胖子桑丘的冒险故事。

原著的篇幅极多，内容大纲如下：

> 虽然，五十岁的阿隆索·吉哈诺有着"唐"的称号，但其实是西班牙街头泛滥的下层贵族。他日以继夜、焚膏继晷地研究骑士文学，精神有些异常。
>
> 他取用故乡拉曼恰（La Mancha，阿拉伯语中干燥之意）之名，为自己取了帅气的称号"唐·吉诃德拉曼恰"（拉曼恰的唐·吉诃德）。为了实践骑士精神，帮助老弱妇孺，他特地穿上一件陈旧不堪的古董盔甲，骑着一匹骨瘦如柴，名叫罗西南得的马，展开冒险旅途。
>
> 为了符合骑士文学中登场的规格，他找上邻居农夫桑丘·潘萨当侍从，与他一同启程。他四处寻找理想的

贵族夫人，却找到一位本名叫阿尔东莎·罗任索的村姑，将她取名为杜尔西内娅，并为她的名誉而战。经历了一波三折的冒险，无数次的死里逃生，其中又以将风车看成巨人而与之搏斗的场面以及释放恶囚、拯救挨打的仆人，还有将羊群看成敌军的场面最为著名。

就算没读过原著，"唐·吉诃德"也是人人耳熟能详的主角。在字典上甚至可以找到"唐·吉诃德式行为"一词。该词汇是用来形容像唐·吉诃德一样，为实现自己的梦想，不被现实局限，勇敢跨出去的个性与生活态度。

作者塞万提斯曾说，这部小说是用以讽刺当时流行的骑士文学。也许因为如此，小说中的唐·吉诃德简直是"引发众怒的老人"。简单来说，唐·吉诃德就是幻想着已经消失的骑士精神，活在幻觉中、只会闯祸的过时老头。

但是最近出现很多以不同角度审视唐·吉诃德的新见解，像是著名音乐剧《梦幻骑士》（*Man of la Mancha*）中，不把他视为旧时代的过时骑士，而将他描绘成不畏现实艰难，即便遇见挫折仍坚持不懈的形象。难道唐·吉诃德崇高的理想终于获得人们认可了吗？

变质的骑士精神

过往的西方势力和现今不同，无法影响全世界。约莫500—

600年前的欧洲，只不过是伊斯兰世界中的一小边缘，而伊斯兰势力就像全盛时期的罗马帝国，地中海外环都在它的支配范围内。欧洲人的势力范围，只有从东边的奥地利至西边的西班牙以北。伊比利亚半岛南部，也就是现在的西班牙，过去是由摩尔人所占领，与之对峙的天主教国家便展开了"复地运动"（收复失地运动），以收回国土。

当时的伊比利亚半岛上，有葡萄牙、卡斯蒂利亚王国及阿拉贡王国三个天主教国家。其中阿拉贡王子费迪南德二世与卡斯蒂利亚公主伊莎贝拉一世结婚，成就了西班牙的统一。后来两位天主教君主，收复了最后一个伊斯兰城市格拉纳达，复地运动圆满落幕。此时是1492年，恰好是哥伦布抵达美国的那一年。

此后，西班牙的王位便交给了两位君主的外孙——哈布斯堡王朝的查理五世（西班牙国王卡洛斯一世）。他身为神圣罗马帝国皇帝，统治了西班牙、德国、意大利北部、荷兰，领土广阔。加上他喜欢以神圣罗马帝国皇帝的身份当基督教势力的守护者，因而在西班牙留下战争与宗教狂热的影子。查理五世统治的末期，1547年，作者塞万提斯出生。

查理五世之后，腓力二世即位，此时正是西班牙开拓殖民地的全盛时期。国王腓力二世的名字也被放进殖民地"菲律宾"的国名之中。该时期的文学作品，充分映照了当时的社会风气，其中最畅销的骑士文学，写入了西班牙帝国的活跃与自信。西班牙人借由乘风破浪、功成名就的骑士故事，达到自我满足的效果。

但是压榨殖民地和西班牙统治下的荷兰毛织品产业所赚的巨款，都只是经由西班牙流入其他地区，西班牙本国的经济发展却停滞不前，导致经济严重倾斜。以暴力组织为例，英国和其他国家黑社会老大们，会把从殖民地压榨而来的黑钱投资到其他产业，创造出新的利益，但只有西班牙忙着将赚到的钱花在吃喝玩乐上。终于，1588年，英国海军打败了西班牙引以为傲的无敌舰队，西班牙兵败如山倒。作者塞万提斯正好生活在西班牙光荣与没落交替的时代，于1605年创作了《唐·吉诃德》，后于1616年辞世。

塞万提斯生活的西班牙帝国，正是中世纪衔接近代的时期。从14—15世纪的百年战争开始，随着长弓、枪炮的发明与中央集权国家的出现，战争逐渐减少。以往身为统治阶层的骑士，失去了过往的声誉及工作，渐渐开始没落。可想而知，这群贵族战士阶层不会一夜之间消失。英国与法国历经百年战争和玫瑰战争（1455—1485年）后，贵族战士阶级自然减少。然而，西班牙因与其他国家战争连连，再加上复地运动，导致出现大量的"下层骑士"。

1492年，期待已久的统一终于来临，许多西班牙骑士一夜之间成为失业人士，这意味着社会中大量心生不满的武装势力不断地在筹备暴力计划。有鉴于此，费迪南德二世与伊莎贝拉一世以开拓殖民地为名，将他们送至非洲及南美洲。也就是说，国王和王后将暴力输出，骑士们将成为赚取外币的商业战士。

当然，派出去的人中，资产家与一般民众的比例高过骑士。不过这群贵族战士与追寻财富的冒险商人和民众不同，他们经历了复地运动，受到骑士精神影响，不论身处何地，对他们而言，"基督教守护者"的名誉永远是第一顺位。因此，被派到国外的西班牙骑士，以上帝之名合理化他们对异教徒及印第安人的屠杀，实践一种"诡异"的骑士精神,将骑士精神中"保护弱者"的重要任务抛诸脑后。

谁才是真正的骑士?

与当时下层贵族的行为相比,唐·吉诃德显得与众不同。他虽是已没落的旧时代骑士,但仍站在弱者一方,拥抱着守护正义的梦想。对我而言,他并不过气。反而是那些横跨地中海、自以为是十字军的骑士,在北非摩洛哥滥杀无辜,才是真正思想落后的一群人。为解决国家的内部问题,将问题输出至国外,同时获取利益,再毫无根据地挂上宗教之善名,这种情况在历史上反复发生。

但是唐·吉诃德看着自打嘴巴的西班牙,尝试想将其扳回正确的正义之上。他救了被主人施以不当的棍棒处罚的小仆人,还放走了囚犯,教训了恶名昭彰、被称为"路上强盗"的西班牙宗教警察。不过这种正义在君主专制及资产阶级当权的时代根本行不通,他的失败就像是命中注定一般。

尽管如此,他仍坚持自己的理想,直到最后一刻,拿着陈旧的长矛向风车迎战。哪一边才是实践了真正的骑士精神?是唐·吉诃德吗?还是前往殖民地的贵族骑士们?哪一边才是旧时代错误的继承人呢?

注释

[1] 塞万提斯（1547—1616年），西班牙诗人、小说家、剧作家，是西班牙文学史上最伟大的作家。

[2] 韩语中形容脑袋疯癫时会使用"머리가돈다"（音似 meoliga donda）来表示，其中"돈"（don）正好与"唐"字发音相符。

[3] 潘萨的发音正好与韩文法官"판사"（音似"pansa"）的发音相符。

骑士们的爱情崇拜

中世纪的骑士文学里，总会出现崇拜贵族夫人的情节。骑士们对于贵族夫人的爱，并不是真实存在的爱情，比较像是一种共同拥有的"想象"。

在家门不够富裕的情况下，除了长男可以成为继承者外，其他年轻骑士们不但失去遇到伴侣的机会，还必须半强迫地被派到随时可能命丧黄泉的战场上。被冷落的他们，只能通过对贵族夫人的崇拜排解愤怒。而西方"女士优先"的礼仪，也就是从中世纪骑士的贵族夫人崇拜而来。

义气、历史、冲突——不朽的三剑客

亚历山大·仲马[1]
——《三个火枪手》（*Les TroisMousquetaires*）

三剑客——莫里斯·勒卢瓦尔 1894 年创作的插画

《三个火枪手》是一本记录当代背景的长篇小说，虽与雨果的作品有点相似，但也许是因为登场人物们不畏艰难、勇往直前的个性，让作品较为大众所接受。特别是血气方刚的年轻人达达尼昂，为了加入火枪卫队离开家乡加斯科涅前往巴黎，却因为一点冲突和三剑客们接连决斗的场景；还有他与三剑客不谋而合，共同对付红衣主教亲卫队的桥段，可谓是《三个火枪手》中的经典，确实描绘出了男人间"不打不相识"的情谊。也许是角色间的打斗与争执，为《三个火枪手》增添了几分趣味，翻拍该小说的电影与音乐剧接连不断。

　　《三个火枪手》的剧情大纲很简单：主角达达尼昂与火枪卫队队员阿多斯、波尔托斯与阿拉密斯，一同对抗黎塞留的阴谋，帮助安妮王后顺利度过危机。不过这仅是儿童及青少年读物的简略版，完整版的原著中包含了宫廷里的爱恋与冲突、火枪手们的过去、间谍米莱迪的苦衷以及白金汉公爵的故事，剧情错综复杂。

　　儿时看着儿童版小说的我，心里早有许多好奇：为什么三剑客不是三个人，而是四个人？明明是火枪手，为何只拿刀不拿枪？为什么要嘲笑达达尼昂是加斯科涅的乡巴佬？听到此话的达达尼昂，又为何愤恨地丢出手套？黎塞留到底为什么如此痛恨安妮王后？这本书就像是宝箱一般，现在让我们拿着"钥匙"，一一打开这些神秘宝箱吧！

红衣主教黎塞留与安妮王后的历史矛盾

先从黎塞留讨厌安妮王后的原因开始着手吧！《三个火枪手》的背景是17世纪初的法国，路易十三在位时正值路易十三之父亨利四世颁布"南特敕令"宣布宗教自由后，基督教与法国新教胡格诺派的冲突告一段落，战争结束之际。接手法国的路易十三正手握霸权，向外扩张殖民地。这段时间累积的成果，让路易十四时期的法国达到君主专制的巅峰。然而该时期真正决定法国政策的人并非国王，而是基督教的红衣主教黎塞留。

在《三个火枪手》中，黎塞留是用尽心机陷害王后的阴险角色，不过现实中，他并不是大坏蛋。现今的法国军舰中仍有一艘"黎塞留号"，证明他在法国是备受尊崇的人物。如果黎塞留真的这么坏，路易十四和安妮王后没理由在他卸任后，又再次提拔同为红衣主教的马萨林打点国政。再者，当时红衣主教成为高阶官员治理国家，完全不是什么奇怪或负面的行为，因此站在王室的立场，与其把权力交给一般贵族，交给红衣主教才是维持王权的安全牌。直到近代以前，圣职者一直是受教育最多的精英阶层。

那么，为什么《三个火枪手》要把黎塞留变成一个反面人物呢？路易十三的王后——奥地利的安妮，是来自哈布斯堡王朝的公主。当时法国波旁王朝为了抢夺欧洲霸权，与统治奥地利的哈布斯堡王朝互相较劲。这种疙瘩让负责内政的黎塞留只能选择与安妮王后对立。而小说正好描述出他们之间的阴谋及矛盾。此外，作者为表现达达尼昂等对安妮王后的忠诚，黎塞留就只能扮黑脸了。

―――― 第二部　英雄的重生，是利益，是秘密，还是爱情？ ――――

无法使用枪的火枪手

接下来我们要揭开书名的内幕，为何主角明明是四个人，却要叫《三个火枪手》？原著的开场，是成为火枪手的达达尼昂回想过去的场景。起初他只身前往巴黎，与火枪手们一同冒险，成为火枪手培训生，最后终于成为真正的火枪手。所以《三个火枪手》的主要情节中，达达尼昂一直都只是"准火枪手"的身份，虽然他们四人形影不离，但真正的火枪手只有三人。还有一件令人百思不得其解的事。他们明明是火枪手，为何用的是剑？《三个火枪手》法文原名为"*Les Trois Mousquetaires*"，意指携带鸟铳的三人。其中一点当然是因为小说中火枪手们并没有参与正式战争，列阵进行远距离射击，而是在执行秘密任务时接近敌方采用近距离攻击，因此他们只能使用剑，不能用枪。

况且当时的鸟铳根本无法在实战上被广泛应用。那时的鸟铳，就是万历朝鲜战争时日军所使用的鸟铳（火绳铳、铁炮）改良版，不仅非常重，还必须一一点上打火石才能发射，碰上下雨就无法发挥作用。在后代改良版还没出现前，它的功能只有以其发射的声响惊动马匹，呼唤它们回部队集合。国王颁发给近卫队的鸟铳，只是一种身份的象征和装饰，因此《三个火枪手》的火枪手们不使用枪，而是以剑搏斗。

加斯科涅的偏见与敏感的达达尼昂

达达尼昂是加斯科涅地方贵族的儿子,对于别人嘲笑他为"加斯科涅乡巴佬"非常敏感。法国大革命以前,加斯科涅是法国西南部地区的名称,是一处只隔着比利牛斯山和西班牙相连的区块。有许多巴斯克人越过山脉移居于此,因此当地原本被称为巴斯克,随着时间演变才变成现在的加斯科涅。居住于法国中心地带的人民认为,加斯科涅靠近西班牙,那里的人使用特有的方言与习俗,与自己并不相同,对他们抱持着冲动、盲目、虚张声势的偏见,认为他们是乡巴佬。因此,说到典型具有加斯科涅人性格的男人,法国人首先会联想到达达尼昂与西哈诺·德·贝杰拉克[2]。但是盲目的勇气与虚荣心仍有所用途,路易十三旗下甚至还有名为"卡德加斯科涅"的亲卫部队。"卡德"(Cadet)是源自于法国加斯科涅地区的方言,中世纪后流行于全欧洲,指称封建贵族长男以外的所有儿子。中世纪欧洲封建贵族的财产和地位都是由长男继承,其他的儿子只能从事圣职或在军队中找寻出路,虽然全欧普遍如此,不过尤以加斯科涅为最。但现在"卡德"原本的意思已经荡然无存,而改指士官学校或警察学校的学生。

正因如此,对达达尼昂而言,路人的微笑仿佛是侮辱,别人的每一个眼神都像是挑衅;也因此,他从塔布至默恩镇的路上,总是双拳紧握,每天碰上刀柄不下十次。

邀请决斗？掷出你的手套吧！

离开故乡加斯科涅的达达尼昂，仿佛一只带有剧毒的河豚，带着忐忑的心前往巴黎，向三位火枪手连续宣战。而西方历史和小说中经常出现的"决斗"，到底是什么？

古日耳曼族有个人恩怨私下解决的风俗。他们相信，神会帮助没有罪的一边，在决斗中获得胜利。在德国作曲家理查德·瓦格纳的歌剧《罗恩格林》（Lohengrin）中，女人收到决斗邀请时，可以寻找代理骑士出战。他们会使用"冠军"来称呼代理骑士。英文单词"Champion"除了有运动赛场优胜者之意，还有拥护者、代理人或战士的意思，原因正是由此而来。

天主教教会为了防止武力对决造成社会混乱，他们在决斗场上制定了人道规矩，或赋予它骑士精神的美誉，企图将其引导成正面形象。然而不论决斗以何种形式存在，一旦猖獗，对国家都是有非常负面的影响，因为国家必须掌控所有武力，才得以维持社会秩序。有鉴于此，国王下令禁止决斗。而达达尼昂和三剑客决斗之事，违反了法国国王的命令，才会被抓到国王面前等候判决。到了近代，决斗不再是为了私底下的利益，更是为了守护名誉，而在法国尤其盛行，并扩展至全欧。即便后来剑被枪所取代，决斗仍没有消失。特别是美国西部开发时期，枪手间经常展开"手枪决斗"，彼此必须遵守决斗规则。决斗者们会背对背，约定走几步路后才能转身，因此西部电影中才会经常出现不按规矩、少走一步而你争我夺的场面。

决斗邀请的方式十分浪漫。向对方投掷手套的行为，就是邀请的信号。只要对方捡起手套,就象征着接受挑战。虽然文学作品中多为白布手套,然而实际上投掷的是和骑士盔甲一组的战斗手套。更有趣的是,国与国宣战之时,他们也会派出使臣至对方国王面前丢掷手套。由于这种传统,两次世界大战时,欧洲媒体的宣战报道中,总会在头版标题上写出:"掷出手套了!"但在心爱的女人面前,手套掉落并非宣战之意,而是求爱的表现。手套就像皮鞋一样,可以装载一个人的灵魂。千万小心再小心,不要弄混了,不小心把示爱看成宣战的话,可是会错过与爱人共度一生的机会呢!

注释

[1] 亚历山大·仲马(1802—1870年),简称大仲马,法国浪漫主义文豪,以《基督山伯爵》(*Le Comte de Monte-Cristo*)、《三个火枪手》闻名于世。

[2] 西哈诺·德·贝杰拉克(1619—1655年),法国军人、作家,也是一位哲学家。

左侧通行与右侧通行

　　2010年7月1日，韩国国内突然宣布改为右侧通行。可是从小到大的习惯，一时之间怎么改得了？跟我一样改不过来的人不在少数，有好一阵子，每到人声鼎沸的上下班时间，人们在地铁站的楼梯上撞成一团，好不混乱。当时我忽然心有所感："啊！我正在目击一段历史过程啊！"为什么？现在就让我们来看看右侧通行背后的故事吧！

　　欧洲到中世纪为止，一直都是左侧通行，处于武士社会的日本也是如此。这是由于剑一般均配置在左边，为避免剑鞘碰撞，统一规定靠左通行。如此一来，右撇子才能迅速拔出佩剑。

　　然而剑被枪取代之后，左侧通行反而变得不便。因为比剑短得多的枪，配置在右边较为方便，但是左侧通行却会让来往行人的佩枪互相擦撞，引起过度紧张和其他各种问题，所以随着手枪登场，便开启了右侧通行的时代。

炼金术造英雄——哈利·波特的成长

J.K. 罗琳[1]
——"哈利·波特"（*Harry Potter*）系列

锻炼贤者之石的炼金术士——约瑟夫·赖特

第二部　英雄的重生，是利益，是秘密，还是爱情？

这次要看的作品"哈利·波特"系列，是目前所谈的故事里最新的作品。我花了十年的岁月，等待小说发行和电影上映，曾经读着书、看着电影流下感动的泪水。然而这套小说让我深深着迷的原因，却很难向那些认为它只是儿童奇幻小说的人说明。尽管周遭的人说我，年纪都老大不小了，还在为一本儿童奇幻小说疯狂，不过我总会告诉他们，J.K. 罗琳是一位伟大的作家，也是一位伟大的读者。

"哈利·波特"系列中，不仅有希腊罗马神话、古代凯尔特族与日耳曼族的文化，还反映出中世纪欧洲的历史和神秘学，就算成年人看了也觉得非常有趣。

这样的解释，还不足以充分说明这系列小说为什么能够超越文化藩篱、不论男女老少都对它如此爱不释手。我认为它大受欢迎的原因，是故事中看似虚幻的背景下，每个事件背后隐藏的那组全人类共通的密码，使得这部作品足以唤起所有人的共鸣。这组密码就是"一位不成熟的孩子，在成长过程中历经的冒险旅程"。在系列第一本《哈利·波特与魔法石》（*Harry Potter and the Philosopher's Stone*）中，这组密码早已表露无遗。

哈利·波特和你我的成长故事

"哈利·波特"系列是以现代英国为背景的奇幻小说，但它没有因为"奇幻"二字，就以荒唐的魔术和恶作剧贯穿整部作品。哈利出色的能力，是从魔法师父母身上遗传而来，但年幼失去双亲的他，是在缺乏爱的阿姨家长大。

后来进到霍格沃茨魔法与巫术学院，每年都要历经一次生死关头的冒险。过程中，他遇到帮助自己的人，但他们最后仍离开了哈利身边。在第五部《哈利·波特与凤凰社》（Harry Potter and the Order of the Phoenix）中，他失去了小天狼星布莱克；第六部《哈利·波特与混血王子》（Harry Potter and the Half-Blood Prince）中，失去了邓布利多校长。不过最后他仍是击败了伏地魔（汤姆·马沃罗·里德尔），拯救了朋友、学校和自己的世界，成长为一位大人。

从哈利·波特的整体结构看来，作者想借由魔法师的世界，以更有趣的方式叙述"孩子如何长大成人"的过程。少年在成长的过程中，难以接受自我，其中最大的敌人就是自我内心的黑暗面。

故事中与哈利有相同人生际遇的伏地魔，正是哈利内心黑暗的象征。未成熟的少年，通过父母、老师和周遭大人的帮助，一起面对成长过程中黑暗的现实。但总有一天，少年仍需成为独当一面的大人，因此小说中哈利的父母、小天狼星、邓布利多接连离开。陷入绝望的少年，在历经和挚爱离别的过程中努力挣扎，以寻找人生的答案。

通过对自我的信任与友情，哈利·波特终究克服了内心的黑暗，脱胎换骨成为一位真正的大人。他和伏地魔的对决，让他经历了生死离别，就像是成年礼一般。

每个人都会历经成长的过程。这本小说将重要的人生课业和解答以魔法师冒险的形式呈现，描写得妙趣横生，我们又怎能不对它深深着迷？比较同为孤儿却选择了不同道路的哈利与伏地魔，能更明确地感受到小说中想表达"克服内心黑暗，选择正确道路"的讯息。作者通过哈利所讨厌的斯内普教授，刻画出大人爱孩子却只能在成长过程中扮黑脸的进退两难。当孩子能够理解大人的瞬间，他就成熟了。因此在最后一部故事里，哈利谅解了平时对他极尽苛刻的斯内普。

贯通系列故事的炼金术原理

这种"成长小说公式"的作品为数不少，但流于俗套的结构并不能说明"哈利·波特"系列为何会让全世界的读者为之狂热。究竟"哈利·波特"独有的"成长公式"为何呢？我认为是贯通整个故事的炼金术原理。

先来看第一本《哈利·波特与魔法石》，英国原版书名的意思其实是"哲学家之石"，也称作"贤者之石"。这颗"贤者之石"是炼金过程中最后阶段所提炼出的物质。炼金术士们相信，这个物质不仅能让不是金的金属转变为金，还是可以使人类回春、治疗百病的长生不老药。霍格沃茨教科书的作者尼可·勒梅，就是因为炼出且服用了贤者之石，才会长生不老。其实，尼可·勒梅是历史上真实存在的炼金术士。如果现在他还活着，已经超过六百岁了。

"尼可·勒梅。"她（妙丽）用戏剧化的语气低声朗读,"是目前所知魔法石的唯一制造者!"

......

"什么的制造者?"哈利与罗恩齐声问道。

"喔,真是的,你们看不懂字吗?拿去——自己看,就在这儿。"

她把书推到他们面前,哈利与罗恩读着:

古代炼金术致力于提炼魔法石,这是一种拥有惊人力量的传奇物质。这种石头可以把所有金属变成纯金。此外,它也可以用来制造长生不死药,那是一种可以让服用它的人永生不死的灵药。

数个世纪以来,出现过许多关于魔法石的研究报告,但目前现存的唯一一颗石头,是属于尼可·勒梅先生所有,他是一位著名的炼金术士,同时也是一位歌剧爱好者。勒梅先生刚于去年欢度他的665岁生日,目前与他的妻子长春(658岁)在德文郡过着平静快乐的生活。

——《哈利·波特与魔法石》

一般人对炼金术的基本认知就是这样。炼金术士想把不值钱的金属炼成金,却是徒劳无功,反而在过程中促成了化学的发展。此外,古埃及炼金术非常发达,后来由占领埃及的阿拉伯人保存及发展,因此碱(Alkali)、醇(Alcohol)、炼金术等化学用语前面都会加上阿拉伯语的冠词"al"。他们认为碳能变成钻石,金属也能够变成最完美的金属——黄金。炼金术的实验过程中,并不是无端地把一样金属直接变为其他金属,而是通过改变金属自然形成的过程，使它达到自我完整的状态。这些偶然被画下的炼金过程，让我们看见每个化学阶段都象征着人类的诞生、死亡和复活。

炼金术也是一门研究人类灵魂成熟与变化的学问。换句话说，炼金术的正向目标就是通过未完整体的化学变化，象征自我试炼与成长的阶段，最后达到完整的状态。因此真正的炼金术士称自己为"贤者"（Philosopher），并称那些疯狂想炼出黄金的炼金术士为"Puffer"，以兹区分。"Puffer"这个单词源于当时研究室烟雾弥漫所发出的声音，但现在用来指称"骗子"或"老千"，由此可知真正的炼金术和我们脑海里的"黄金制造术"是有所区别的。

如此看来，第一部中，哈利把可以制造出完整体金属"黄金"的触媒——"魔法石"放在手上时，就已经告诉大家这部系列作品的走向了。如我先前所说，这部作品是在讨论哈利的成长史。该如何变化象征哈利内心阴暗面的伏地魔，使他成为完整的人？经过铅的考验，变成高阶黄金的炼金术原理，不正贯穿了全系列小说吗？被天主教视为异端的炼金术概论中，有人认为其暗喻了基督的苦难、死亡与复活，而在"哈利·波特"系列的最后一部，被伏地魔杀死的哈利再次复活，然后将其打败，赢得最后的胜利，似乎也与炼金术概论有些神似吧！

神话故事已过时，英雄该如何改变？

少年长大成为诚实无私的大人，是古今中外英雄小说的必备情节。我们称其为"英雄传记公式"。韩国启明大学赵东一教授的《韩国小说理论》，提到约有下列几项原则：英雄拥有高贵的血统；其母亲在非正常的情况下怀胎生育；拥有过人的特殊才能；年幼被遗弃，经历过生死关头；通过养育者或恩人的帮忙摆脱危机；长大后又再次面临难关；再次战胜困难，并且赢得胜利。以上情节公式，不论东西方，从古代神话至古典小说，再到近代故事，皆可套用。

但是，因曙光照耀怀孕而生出蛋[2]、父亲是奥林波斯十二神之一、英雄将大海一分为二或驾着筋斗云出现……这些情节都已说服不了活在科学时代的读者了，况且世界上已经没有任何未开发的理想国度等着英雄去开创。在"神话故事"已经过时的现代，人们半信半疑地选择了非英雄的凡人担当领袖，那么英雄神话的情节公式该如何改变？在"哈利·波特"系列和其他奇幻小说中，仍可看见英雄神话的踪迹。儿时死里逃生的哈利，拥有与众不同的能力，虽然是孤儿，但遇上海格、小天狼星和邓布利多等贵人。进到霍格沃茨后，每年都必须力克危机，在最后的对决中死而复活，成为最终的胜利者。几乎和"英雄传记公式"不谋而合。

"哈利·波特"系列中的成长小说公式与炼金术原理，正好与英雄神话的基本公式一脉相承。孩子成长为理想中的大人，就如同神话故事主角成为英雄般，至此英雄故事不再局限于遥远的神和英雄了。

神话的出现，是为了告诉人们如何在有限的生命里活出价值与意义，而故事里努力奋战的英雄，间接在告诉平凡的我们，如何解决生活上的难题。他们经历的生死关头，意味着我们必须抛弃过去错误的自己，觉醒后重生为完整的人。祖先喜爱英雄故事的遗传因子，仍遗留在我们的每一个细胞里。不过，现代已经不是神与英雄的时代，而是"人类的时代"。

英雄的另一个自我

"长大以后一定不可以变成那样！"下定决心的年轻人们，大部分老了之后，都会变成自己曾经讨厌的大人。由此看来，我们不就是无法成为英雄而变成怪物的例子吗？和英雄对决的坏人，通常是英雄的另一个自我；也就是说，现在的怪物，大部分曾经都是英雄。

即便哈利有天成为父亲，亲手将儿子送上霍格沃茨特快车，我们大概也难以看见他叫孩子"相信自己的选择"。因为哈利不会是沉溺于以往成就的过时英雄，而是一位担心儿子的父亲、正直的大人和真正的英雄。

守着哈利将近十年的我，成长了吗？那些与"哈利·波特"系列一起走过动荡时期的孩子，有受到哈利的成长而有所改变吗？能够把铅变成黄金的炼金术，至今仍无人知晓，但我们的人生"试炼"不断，现在的你成为黄金了吗？还是依旧是铅呢？

注释

[1] J.K.罗琳，1965年出生于英国，以代表作"哈利·波特"系列成为英国有史以来最畅销的作家，亦是英国最具影响力的女性之一。

[2] 例如传说中高句丽的开国国君——朱蒙，是从柳花夫人被阳光照射后生下的蛋里出生的。

为什么哈利·波特要在槲寄生下献出初吻？

我们先从凯尔特人的历史、神话、宗教入手吧！因为在"哈利·波特"的魔法世界中，包含了很多凯尔特人的文化。

凯尔特人直到盎格鲁－撒克逊人出现以前，一直居住于作者的祖国——英国。凯尔特人原以发达的铁器文化统治欧洲，但是公元前1世纪时西泽宣布高卢（现在的法国，拉丁语中凯尔特人之地的意思）和不列颠尼亚（英格兰地区）纳入罗马统治之下，当地因而罗马化。因此凯尔特人的习俗与语言，主要留存于爱尔兰、苏格兰和英格兰西南部地区，而非欧洲大陆。

凯尔特神话的一大特点，就是大量出现的魔法、魔法师和精灵，例如《阿瑟王传奇》中有魔法师梅林，还有《阿斯泰利克斯历险记》（*Astérix le Gaulois*）中，阿斯泰利克斯喝下祭司调制的魔法药水，把罗马军人狠狠打飞。魔法、魔法师和魔法药水贯穿了整个"哈利·波特"系列，就像是凯尔特人的遗产。

凯尔特人的宗教是德鲁伊教，其名称是由他们的祭司德鲁伊延伸而来。霍格沃茨学生们收集的魔法师集卡中,其中一位初代魔法师叫"德鲁伊斯",很明显就是取自于此。祭司被分为七个阶层,每个阶层使用不同的拐杖,如同凯尔特传说中的魔杖,而贵族德鲁伊负责祭祀、教育、审判、占卜、预言、医疗等工作。

当然,"哈利·波特"系列中,魔杖也扮演了非常重要的角色。德鲁伊教认为寄生于橡树上的槲寄生十分神圣,槲寄生与橡树的联结,意味着肉体与灵魂的联结。

至今,西方国家在圣诞节仍用槲寄生树枝来做装饰,他们认为在槲寄生下接吻,意味着幸福和长寿,因此恋人们喜欢在槲寄生下亲吻。这就是《哈利·波特与凤凰社》中,哈利与秋·张在槲寄生下献出初吻的原因。罗马帝国军队和基督教徒联手镇压德鲁伊教,破坏他们的教堂,并在原地兴建基督教教堂,但德鲁伊教和凯尔特文化仍不断出现于欧洲故事及奇幻小说当中。不仅如此,欧洲人的民间风俗也深受其影响。

举例来说,凯尔特人的新年是从十一月一日开始,他们新年的庆典就是现在的万圣节。因此基督教庆祝的万圣节其实是"万圣节前夕"(万圣夜),人们会穿着异教徒魔法师的服装四处晃悠。

第三部

从故事中萌芽的革命，与现代呼应的历史

美丽又批判的残酷红舞鞋

安徒生
——《红舞鞋》(The Red Shoes)

红舞鞋——安妮·安德森

几年前，我因太过劳累而发高烧，卧病在床。奇怪的是，我脑海中总是隐约浮现上下班必经的鞋店陈列架上的那双红皮鞋，好似穿了那双鞋，我的病就可以痊愈。于是我穿上厚重的衣物，连滚带爬地去把那双鞋买回家。当然，我的高烧并没有因此消退，一个礼拜后才终于痊愈。当时我为什么会有穿上红鞋就会痊愈的想法呢？究竟红鞋隐藏着什么意义？这次，就让我们来看看安徒生的《红舞鞋》吧！

残忍至极的童话

不知是否受到作者早年贫困的影响，安徒生童话总是充满许多悲伤又残忍的场面，其中数一数二残忍的情节就是《红舞鞋》了。淌血的脚踝下穿着红舞鞋，舞过我眼前！简直把儿时的我吓坏了，连晚上上厕所都要摸摸自己的脚踝。也许是受到这则故事的影响，长大后每当买的不是黑色皮鞋时，我都会犹豫。这篇情节残忍的故事内容如下：

> 卡伦穿着红鞋参加妈妈的丧礼，因为她除了小红鞋之外，没有其他的鞋了。途中，一位富有的老奶奶因为同情卡伦的际遇而收养了她。几年后，长大的卡伦欺骗了老奶奶，买了一双红鞋准备在受洗时穿。就算人们议论纷纷，她仍坚持穿着红鞋出席教会的洗礼。她在礼拜时忘记唱圣歌，心里不断想着小红鞋，甚至连生病的老

奶奶都不顾，穿着小红鞋去参加化装舞会。结果卡伦遭到天使的惩罚，只能穿着小红鞋不停跳舞，连恩人奶奶的葬礼都没能参加。卡伦就这样跳到一间屋前，里面住着一位刽子手，她请求刽子手砍断她的脚踝。然而穿着红舞鞋的双脚，就算被砍断了仍不断地跳着舞，一路跳进森林中。虽然失去双脚的卡伦终于获得自由，但是，每当她想去教会时，这双红舞鞋总会跳出来阻挡她的去路。吓坏了的卡伦为了赎罪，到牧师家做义工。很久以后，天使终于出现在改过自新的卡伦面前，宽恕了她的罪过。

宗教改革与朴实虔诚的清教徒

喜欢穿着小红鞋跳舞是犯了什么大罪吗？穿着红鞋参加葬礼的确不应该，但有必要如此残忍吗？鞋子就是鞋子，是不是红色又怎样？许多人都有这样的质疑。我以前也觉得这部分有些诡异，因为当时我还不懂清教徒严格的伦理和欧洲宗教改革的历史。

1517年，德国神学家马丁·路德，因反对付钱就可以免除罪过的"赎罪券"，发布了《九十五条论纲》。该提纲是路德以拯救信仰的信念着手写成，通过印刷术，迅速传播开来，因而得到不少支持者。天主教教会因此逐出路德，然而在德国各地，从上层领导者到民间，路德的支持者却不断增长。

支持路德的上层人士们，在1529年的帝国会议中，向天主教国王查理五世提出抗议。此后新教徒被称为"Protestant"，意为"抗议者"。直到 1555 年，路德主义才终于在《奥格斯堡和约》中被正式认可，并以德国为中心，扩散至丹麦、挪威及瑞典。安徒生的故乡——丹麦，有 80% 的基督教徒都为路德主义的新教徒。瑞士宗教改革家加尔文，虽受到路德宗教改革的影响，但对部分天主教传统仍非常抗拒。加尔文选出长老、减少礼拜，并禁止任何仪式、礼服、神像、花窗玻璃等。另外，他想将宗教原理也套用在政治、经济、社会、文化和私生活上。最能表现加尔文主义特质的就是"预选说"。他认为人类被救赎与否，上帝早已决定，因此人应该相信并尊崇上帝决定的命运，为自己负责。

此外，加尔文还强调日常生活中的勤勉与严格禁欲。他所强调的勤勉，为日后欧洲西北部地区的工商业发展作出极大的贡献。加尔文主义遍布各地，有苏格兰的长老派（其教会称为长老会）、荷兰的丐军（海上乞丐）、法国的胡格诺派、英国的清教徒等。1602 年，一百零二位英国清教徒为追寻宗教自由，搭乘五月花号前往美洲大陆。

北欧宗教改革后，教堂装饰变得简朴，并开始批判天主教奢侈、享乐、颓废的风气。但天主教教会仍坚持当时的民众大多为文盲，为了便于他们理解教义和天堂的荣景，教会有必要放上华丽的装饰和神像。再者，原先就信仰天主教的南欧人和积极参与宗教改革、居住在阿尔卑斯山后方的西北欧日耳曼人，在取向和民族性上多少都有些差异。例如，天主教中的红色并非放纵和奢侈的象征，而是代表枢机的颜色。

宗教改革后，在西北欧、英国与美国，新教社会严谨禁欲的风气开始占有一席之地，因此该时期从宗教角度上来看，不只是跳舞、喝酒，连去剧场看戏都是罪大恶极。这种严格的教旨主义在现代几乎不复存在，不过据说在荷兰，仍存在着五六十万名遵守黑西装、黑丝袜、黑皮鞋教旨的加尔文主义信徒。由此可知，《红舞鞋》中穿着红色皮鞋的卡伦是犯了什么滔天大罪。

红鞋子背后的含义

为什么作者一定要用"鞋子"当主题？而且是一双"红色的鞋子"？人与大地就隔着一双鞋，鞋子装载了人，可以说一双鞋子象征这个人是属于"哪一种人"。韩国有句俗语说："装在砂锅的是大酱，装在盅里的是酱油。"因此王子用玻璃鞋寻找灰姑娘，而忒修斯则用皮鞋来寻父。女人们为何对高跟鞋如此爱不释手？高跟鞋久穿不仅带来不适，也不具实用性，所以女人绝不是因为方便才穿高跟鞋，而是因为想拥有电影女主角般理想浪漫的人生。鞋子能够显示出人类的存在与欲望。

再者，红色可以说是"万色之王"。即便世界上所有颜色都消失，红色也一定会继续存在。颜色的英文单词"color"，是从语源"红色"之意而来，例如美国拥有红色峡谷的科罗拉多河，从"colorado"（红色的）就可望文生义。化学颜料被发明以前，染成红色的物品都非常昂贵，红色因而成为富有的象征。此外，红色是血液的颜色，象征热情与欲望、生命与性的欢愉，因此被视为解放的色彩。即便是21世纪的现在，如果穿红色高跟鞋上班，仍会引来众人侧目，所以在那个年代，社会根本无法接受像卡伦这样勇于追求自我欲望的年轻少女。

再者,卡伦是贫穷的孤儿。还记得女王出巡时,卡伦非常羡慕穿着红色皮鞋的小公主吗?而她所羡慕的仅止于那双红色皮鞋而已吗?她羡慕的应该是可以追求自我欲望的"公主身份"吧!如果是这样,那么卡伦就是个危险人物。一个贫穷孤儿出身的女孩,胆敢怀抱成为"公主"的向往,简直是全民公敌。

表情庄严的天使,手持一把闪烁的光剑说:"你必须穿着红舞鞋不断跳舞。跳到你脸色发白、身体发冷为止!跳到你筋疲力竭、变成白骨为止!你必须跳着舞,经过所有人的家门前!你要跳到那些骄傲虚荣的孩子家中,敲他们的门!让他们听到你前来的声音,害怕你!跳舞吧!跳到不能跳为止!一直跳舞吧!"

"求求你放过我,饶了我吧!"卡伦大声呼喊求饶。

但是卡伦听不到天使的回应,就已经跟着红舞鞋越过藩篱,跳到远处去了。

下定决心悔改的卡伦,每当要去教会,血淋淋的红舞鞋就会阻挡她的去路,这场景实在令人毛骨悚然。让人深刻体会到严格规范统治下的封闭社会,一旦犯了错就必须长期落人口实。卡伦的存在让团体更具向心力,人们一起对她掷石子、喊口号,强化认同感。为了达到这种效果,卡伦断脚下的那双红舞鞋还是得不停登场,不是吗?

禁欲的基督教徒,一般被称为"清教徒取向",这与不满英国国教会（或译英格兰教会）改革、坚持要净化教会的加尔文主义者被称为"清教徒"有关。因为清教徒的清，是清净的"清"，所以长大后的我又有了一个新的疑问，不符合他们"清净"的标准，就是"肮脏混浊"的吗？这个标准是由谁来定呢？

我是一个喜欢红色高跟鞋的大婶，对于只有单一基准的社会、没有败者复活赛的社会、无法接受浪子回头的社会、对弱势和少数族群极为苛刻的社会，备感恐惧。天啊！贫穷的孤儿——卡伦，当时该有多害怕？

不断跳舞才能痊愈？

数世纪以来，"蜘蛛舞蹈症"经常集体发病于意大利的普利亚地区。该疾病是因被"狼蛛"（亦称塔兰托毒蛛）咬过而发病。据说被毒蜘蛛咬后极度兴奋的患者们，必须聚集在街上或市集，随着音乐不眠不休跳个几天几夜才能痊愈。

研究发现，该病主要发生于某个地区，该地区继承了基督教传入前类似狄俄尼孚斯崇拜的古代异教徒习俗，属于一种神经疾病。舞蹈症的患者会驱逐穿着黑衣的人，手持红色布巾，跳着舞，就好像红舞鞋的故事般，似乎在某种程度上抵制着基督教严苛的教义。

暗藏讽刺封建政治的王子与贫儿

马克·吐温[1]
——《王子与贫儿》(*The Prince and the Pauper*)

王子与贫儿——梅里尔

终于轮到这则故事了！我的《王子与贫儿》，该从何说起好呢？小时候对这本书充满了疑问，但是现在重新翻开书页，当时的困惑就像逐渐变少的页数般迎刃而解。

暗藏伟大政治讯息的冒险小说

马克·吐温是一位著名冒险小说家，例如《汤姆·索亚历险记》（*The Adventures of TomSawyer*）和《顽童流浪记》（*Adventures of Huckleberry Finn*）都是广为人知的作品。许多人以为《王子与贫儿》这本书只是变成贫儿的王子的冒险故事，但其实这本小说是涵盖伟大政治讯息的先进历史小说。

直到中学上了世界史的课，才让我第一次了解这本小说的时代背景。当课上到英国宗教改革和君主专制的单元，我才恍然大悟，原来王子就来自该时期。小说中的王子是爱德华六世，国王则是亨利八世，而且他的公主姐姐玛丽一世、伊丽莎白一世以及简·格雷（在位只有九天），都是历史上实际存在的女王！这部惊为天人的小说内容大略如下：

> 贫民汤姆·康蒂和爱德华王子是同年、同月、同日在伦敦出生的孩子。贫穷的汤姆在爸爸的强迫下出门乞讨，非常羡慕王子爱德华可以跟从神父学习拉丁语，饱读诗书。
>
> 某天，汤姆跑到宫殿，想一探究竟，却被守卫狠狠

揍了一顿。一旁的王子非常同情汤姆，便把他带回自己的房间一起聊天。两人赫然发现彼此长得极为相似，便交换了身上所穿的衣服。后来王子忘了此事，穿着汤姆的衣服走了出去。被误认为贫民的王子，就这么被赶出皇宫。

其后，王子不仅挨了汤姆父亲的一阵棍打，还差点死于自称为天使的修道院院长刀下。但他并没有忘记自己王子的身份，每当遇见贫困的农民、被冤枉的罪人，他就告诉自己回去一定要痛改前非。后来骑士迈尔斯·亨顿答应保护王子，一起同行。而另一方面，留在宫中的汤姆曾向大家解释自己不是真正的王子，但没有人相信。他认命地做好王子的本分，而且做得非常好。就在此时，亨利八世驾崩，汤姆即将成为新任国王。

幸好在加冕仪式当天，王子和迈尔斯·亨顿戏剧性地赶到，向大家解释，爱德华终于恢复身份。变成国王的爱德华六世，命令汤姆为基督教幼儿园院长，并封迈尔斯·亨顿为肯特伯爵，还废除恶法，遵守了贫民时期对自我的承诺，成为一位伟大的国王。

问题根源来自于宗教

故事中没落的修道院老人，为何听到王子的父亲是亨利八世，就对王子大打出手，想要了他的命？亨利八世究竟做错了什么？

其实，这些都与英国宗教改革关联至深。

> "你知道亨利八世就是让我活不下去、让我饿死街头的人吧？"
>
> 但是王子没有任何回应。
>
> ……
>
> 老人又开始磨起了刀，一边自言自语地说："就是你那该死的父亲，害我如此落魄；就是你那该死的父亲，把我给毁了；就是你那该死的父亲，让我无法当上教皇！"

这位老人显然是过去天主教教会的高层圣职者，因为亨利八世实施宗教改革，让他失去了职位与财产，变得贫穷落魄。从修道院老人身上，我们可以看见当时英国天主教信徒对宗教改革的反抗。

王子死里逃生回到宫殿，成为亨利八世驾崩后继任的新王爱德华六世。事实上，他的结局并非如小说般幸福圆满，身体虚弱的他，继位六年后，在年约十六岁时就驾崩了。但为什么继位者不是第一顺位的姐姐玛丽一世，而是亨利七世的外曾孙女简·格雷呢？除了国王身边的绅士贵族和简·格雷家族的强迫之外，最根源的问题就是宗教。玛丽是天主教徒，简则是国教会教徒。这段冗长但著名的故事，就要从亨利八世的六名妻子开始说起了。

亨利八世与六名妻子

　　亨利八世与六名妻子的故事，家喻户晓。亨利八世的第一位王后是西班牙虔诚的天主教徒——公主凯瑟琳（又称阿拉贡的凯瑟琳）。他们婚后生下的第一位公主就是玛丽。不过其后，凯瑟琳并没有生出任何王子，加上亨利八世与她的侍女安妮·博林陷入热恋，便决定与凯瑟琳离婚。

　　但是，天主教并不承认"离婚"。不管亨利八世如何用尽心机，行不通就是行不通。再加上凯瑟琳恰巧是罗马教廷背后最大的势力，也就是掌控奥地利、西班牙、荷兰等欧洲大陆地区的神圣罗马帝国皇帝查理五世（卡洛斯一世）的小阿姨。凯瑟琳的父母则是统一西班牙的天主教君主费尔南多二世和伊莎贝拉一世。

　　疲于争取教廷承认的亨利八世，宣布与教皇脱离关系，并强迫英国坎特伯里大主教宣布他与凯瑟琳的婚姻无效后，和安妮结婚。他独自创立新教教会，也就是英国国教会，任命自己为其领导人。第二次婚姻生下的公主，就是日后创立大英帝国的伊丽莎白一世。

　　伊丽莎白出生后，安妮不断流产，生不出王子的她，最终被国王冠上罪名处刑而死。其后亨利八世又与珍·西摩开始第三段婚姻，才终于生出故事的主角——爱德华王子，但是王后在生产不久后就去世了。

　　亨利八世又与克里维斯公国的公主安妮展开第四段婚姻。这次的婚姻，是为了对抗天主教国家西班牙，而与新教国家联姻的政治婚姻。但是国王却因不满安妮的外貌，又再度离婚。第五位王后是仅有十几岁的少女——凯瑟琳·霍华德，她最后仍遭到国王以通奸罪处决。第六位王后则是凯瑟琳·帕尔，她比国王长寿，在国王死后又再婚。

都铎王朝的信仰、婚姻与宗教政策

以上是都铎王朝一百一十八年间的历史，至今仍是许多电影、戏剧、小说的热门题材。例如电影《安妮的一千日》《另一个波琳家的女孩》《都铎王朝》，大众文学方面则以艾莉森·威尔[2]和菲利帕·格里高利[3]的作品最为著名。

不过现代的改编版，大部分着重于六位王后的生活，这点较为可惜。当时的女性没有选择人生和爱情的机会，为了国家和家族，她们就像棋盘上的棋子，只能为此牺牲。将她们的人生当作茶余饭后的话题，而不讨论她们的历史定位，有些不公平。我们必须通过这些王后，才能更轻易地了解英国宗教改革的过程。第一、第二、第三任王后的信仰，正好都影响了她们的子女玛丽一世、伊丽莎白一世和爱德华六世的宗教政策。

"我"的姐姐伊丽莎白公主现在十四岁，还有表姐[4]简·格雷和我同年，她不仅面容姣好，感情也非常丰富。最大的姐姐玛丽公主，她总是不苟言笑。你的姐姐也认为对臣子微笑是一种罪吗？所以一点也不笑吗？

玛丽受到母亲凯瑟琳王后影响，认为"笑"也是一种罪过，是非常严谨的天主教徒。英国新教派的贵族们，担心天主教徒玛丽登基后，宗教改革将回到原点，国家会陷入混乱。因此，他们对爱德华施压，要他发布简·格雷为继任者的宣言。但是玛丽并没有坐以待毙，她将即位仅有九天的简·格雷处死，登基成为女王。果不其然，玛丽登基后天主教重新复活，她开始替母亲报仇，因此有了一个别称——"血腥玛丽"，这也是一种鸡尾酒的名称。玛丽一世死后，由伊丽莎白一世接任。王后安妮·博林为新教人士，女儿伊丽莎白一世继任后，继承父亲亨利八世的政策，确立英国国教会的地位，实施重商主义（目标是竭尽全力使国家富足与强盛）政策。此外，她击退了西班牙舰队，为大英帝国打下基础。伊丽莎白一世利用婚事与邻国进行外交利益的拉扯，因此她终身未婚，都铎王朝在她身上画下句点。

与教廷分化、离婚后生下儿子、为了王朝尽心尽力的亨利八世，六次引发骚动的婚姻，最后仍以绝后落下帷幕。亨利八世六次畸形的婚姻，其实是有理可循的。父亲亨利七世结束了三十年的内战——玫瑰战争，好不容易成立都铎王朝，亨利八世担心王朝将结束在自己手上，也害怕自己死后王国将再次陷入混乱。

但重点是，他的婚姻确实为英国带来了宗教改革。英国议会在1534年通过《至尊法案》，规定英国国教会最高领袖即是英国唯一的国王。英国国教会，不仅从罗马天主教教会中脱离，完成宗教独立，在政治上也完成了独立。

英国因此从欧洲各国间的宗教战争中幸免，早日投身于国家发展。亨利八世的宗教改革，除了方便自己的离婚与再婚，还能从天主教教会和修道院夺取许多财产，为国家财产"增肥"，获得不少实质利益。因此《王子与贫儿》中，没落的修道院中那位自称为大天使的老人，听到爱德华是亨利八世之子才急于复仇。

伊丽莎白女王死后，亨利七世的玄孙辈、兼任苏格兰与英格兰国王的詹姆斯六世暨一世即位，开始了新的斯图亚特王朝。斯图亚特王朝的詹姆斯一世和查理一世身为天主教徒，不仅打压英国支持加尔文主义的清教徒，更无视英国议会政治的传统，实行独裁政治，为日后奥利弗·克伦威尔主导的清教徒革命（也就是英国内战）埋下导火线。

都铎王朝结束后，英国的宗教改革仍在继续进行。《王子与贫儿》可以让我们充分了解英国国教会的成立和都铎王朝的历史，是一部非常引人入胜的历史小说。

美国作家笔下讽刺的英国社会

《王子与贫儿》的故事背景发生于16世纪中的英国，而作者马克·吐温却是居住在从英国统治下独立百年的新兴国家——美国，而且是在19世纪末完成这本书。现在，让我们继续探讨这部作品吧！美国独立初期，不过是拥有大西洋沿岸几个州的联邦政府。他们赶走居住在美洲大陆的原住民，通过与法国和其他国家的土地买卖，扩张领土。19世纪末，美国与墨西哥爆发战争，领土扩大后，美国的雏形就此形成。

南北战争结束，成为工业第一大国的美国，开始从对欧洲的自卑感中脱离，并认为民主公民的制度优于欧洲传统的贵族制度，散发出自我优越感。作者马克·吐温身上当然也有着该时代的精神，他想通过"王子与侍从"的故事主题，大大讽刺封建制度的问题所在。

"陛下，您忘了我吗？我是替陛下挨打的那个孩子啊！"
……
"我犯的错，怎么会由你来挨打呢？"汤姆惊讶地说。
"陛下您果然不记得了吗？老师在陛下犯错的时候，总是由我来挨打啊！我的工作就是负责挨打，领取报酬。"

这是《王子与贫儿》中，替王子挨打的孩子出场的场景。事实上，英国王子读书偷懒或犯错时，都会有一位替他挨打的孩子。不管王子做错什么，因君权神授说（为了巩固自己的权力而指自己是神在人间的代表），家教老师和养育者怎么胆敢以教鞭管教国王的子女。虽然国王可以处罚自己的子女，但王子不听劝或对父王以外的人无礼，却无人能管教，因此出现了这个制度。

现实中代替挨打的不是《王子与贫儿》里的贫穷少年，而是上流社会的孩子。他们是宫里与王子一起长大、一起上学的青梅竹马，因此当"替罪羊"挨打时，王子才会感到罪恶，努力改正错误。大部分挨打的少年与王子的感情都非常好。查理一世成为国王后，从没忘记替他挨打的威廉·默里，据说还将他封为伯爵。

美国是没有国王和贵族的共和国，身为美国市民的作者，让挨打少年出场，通过汤姆的声音讽刺了封建主义身份制度的矛盾。

此外，马克·吐温想通过变成贫民的王子，用他的双眼发现这些贫苦民众所受的委屈及酷刑。例如被诬陷为巫女而处刑的冤案，因圈地运动失去耕地而身无分文去乞讨却被刮耳的农民，或因小罪被滚水和汽油泼洒的酷刑等。

但是作者让两位少年换衣服的用意为何？没有血缘关系的两人有可能如此神似吗？即便是贫穷的汤姆穿上王袍，也能够处理好王政吗？或许作者是想告诉读者：不管是王子还是贫民，人并没有贫富贵贱的区别。变成王子的汤姆，曾经受虐的经历，使他非常了解弱者的立场；穿上贫民装冒险归来的王子，因体验过社会底层的生活，而能够理解百姓的立场。

作者想强调的并非身份、财产、衣着等外在价值所象征的东西，而是想表达体会他人的痛苦、具有同理心意识的纯粹正义感。高丽武臣政权时期，曾是掌权者崔忠献奴仆的万积说过："王侯将相的血统并非与生俱来，待时机一到，任何人都可以当上（王侯将相）。"与此如出一辙。

马克·吐温并非一味赞扬美国民主主义的优越性。20世纪初，刚结束西部开发的美国抵达太平洋，企图成为新兴的海洋帝国。马克在该时期积极参与了美国国内反帝国主义运动。

1901—1910年，在他辞世以前他一直担任"反帝国主义联盟"的副议长。他反对美国与西班牙在1898年的战事，反对战胜的美国接手西班牙殖民地菲律宾，甚至发表文章谴责美国虐杀菲律宾原住民。看着作者的生平，我想，像他这种超越祖国利益的言论与行动，才足以被称为真正的知识分子吧！

都铎王朝的历史和马克·吐温所处的时代背景，让我们了解到《王子与贫儿》绝对不仅是一本简单的儿童探险小说，这部作品是一位"真正的知识分子"笔下的讽刺小说。别再把这部作品看作"身世之谜"或是"谎称有钱人、行诈骗之实"这种八点档狗血剧情了，王子和汤姆可是会难过的！

注释

[1] 马克·吐温（1832—1910 年），美国作家、演说家。

[2] 英国都铎王朝研究专家，擅长将英国王室历史写成脍炙人口的读物，是英国最畅销的历史作家之一。

[3] 英国历史学家和小说家，有多部关于都铎王朝的作品，其中 2002 年出版的《另一个波琳家的女孩》（*The Other Boleyn Girl*）荣获帕克年度爱情小说奖，并改编成电视、电影。

[4] 实际上应为堂侄关系，因英文原文使用"Cousin"，所以直接翻译成"表姐"。

羊会吃人吗?

圈地运动是拥有庄园的领主或富有的农民,在经济耕地附近购买农田,并设置栅栏,作为畜养羊群之地。比起雇用佃农,畜养羊群可以创造更多利益,因此许多地主争先恐后参与圈地运动。

当时英国正处于毛织业发达时期,对羊毛的需求大幅增长。地主们为了饲养羊只,将耕地改种牧草,甚至赶走农民、圈起公有地,造成佃农们流离失所。无可奈何的农民,为了生活开始犯罪。圈地运动引起的社会问题愈演愈烈,1489年英国议会明文禁止圈地运动,但没有严格执行。

因此,1516年,托马斯·莫尔在著作《乌托邦》(utopia)中曾批判"羊群在吃掉农民"(亨利八世成立国教会时,托马斯·莫尔不认同国王即是教会领导人,于1535年以叛国罪被处死)。

看小公子西迪化解英国与美国的偏见

弗朗西斯·霍奇森·伯内特[1]
——《小爵爷》（*Little Lord Fauntleroy*）

小爵爷——雷金纳德·巴瑟斯特·伯齐

长大后重新阅读童话，可以发现儿时无法理解的乐趣，《小爵爷》便是其一。

西迪在爸爸过世后，与妈妈两人独自在纽约生活。某一天，住在英国道林柯特城堡的爷爷，突然派了一位律师，表示西迪是继承者方特洛伊勋爵，强行将他带走。

原来，西迪的爸爸是道林柯特伯爵的第三个儿子，他不满儿子与美籍女佣结婚，因而和他断绝来往。然而伯爵的其他儿子在还未有子嗣的情况下夭折，于是伯爵只好找上西迪。伯爵性格固执又古怪，是一位心胸狭隘的领主，周遭的人都很讨厌他。虽然他把西迪母子接来英国，却因痛恨自己的媳妇，只把西迪接进城堡，拒媳妇于门外。不过西迪却慢慢改变了他，为了维持在西迪面前的形象，他甚至做了不少善举。

后来却传出西迪是假勋爵的消息，不过西迪在擦鞋匠好友美国人狄克和杂货店大叔霍布斯的帮助下，顺利度过危机。后来道林柯特伯爵回心转意，把媳妇接进城堡。原本十分痛恨贵族及英国的杂货店大叔，意外地与伯爵成为挚友后，长居于英国。

小时候，我不懂伯爵为什么如此讨厌西迪天使般的母亲，但长大再看一次后，我突然惊觉故事里"怎么会有这么可爱的男孩们"！这里的"男孩"指的不是西迪，而是英国的伯爵爷爷和美国的杂货店叔叔。他们真的太可爱了！

文化偏见带来的误解

我就先从他们俩开始说起吧！首先是英国的伯爵爷爷。

"我从以前就听说了，美国人都是不懂礼仪的人！"

"美国人就是这么愚蠢，把这个当成早熟、说成自由，真让人不悦！一群不懂礼义廉耻的笨蛋。"

"真是贪心的狐狸精！我一点都不想见什么美国女人！"

"这就是美国的独立精神吗？我不想看到她在我家门前像个乞丐一样待着！看在她是孩子母亲的分上，拿钱让她收下吧！"

上述是爷爷的偏见。连人都没见过，就乱骂一通。接下来是美国大叔的反击。

霍布斯凑巧看见伦敦报纸上英国王宫举办婚礼的照片，他非常气愤：

"他们就会搞这些花样，总有一天他们会得到教训。被欺压的民众会站出来，把他们逐出天际！伯爵、公爵算什么东西啊！"

这本小说从1885年开始连载，至1886年出版。上述的王宫婚礼，推测是维多利亚女王的长子、后任国王爱德华七世于1863

年举办的婚礼。不管是王族还是平民的婚礼，不但不给予祝福，还诅咒别人"一无所有"，可以看出霍布斯有多么讨厌英国与王室贵族。

小时候我以为反派人物只有伯爵爷爷，长大之后发现美国大叔也不是泛泛之辈。他们不愿理解他人的文化，坚持自我主张，根本就是典型的"老古董"。我并不是想随意批评长者，只是在形容"年纪大了，变得顽固，只懂固守成见，完全不与周遭人交流的长者"。但是，小爵爷西迪怎么会不讨厌这两个固执的老头呢？

英国与美国的爱恨情仇

为什么伯爵爷爷与美国大叔要互相批评彼此的国家？问题就出在美国曾被英国殖民过。他们不像日本、韩国，是完全不同的民族。英国移民者所建设的殖民地，怎么会与本国发生如此严重的冲突，甚至引发战争呢？

在记载美国独立战争的历史书籍中，形容这场战事是源于本国对殖民地无底线的压榨，迫使居民为了自由而起义。美国方面的领导人士，被形容为不受英国欺压、怀抱民主主义高贵理想的革命人士，但其实这只是美国因历史极短，需要建国神话，才塑造出的形象。韩国经历过美军执政和朝鲜战争，因此对美国的一般印象仍维持于此。

美国反抗英国，建立民主主义的共和国，对该时期独裁专制的欧洲造成了极大的影响。大部分国家以"独立战争"来称呼这段美国开国史，而美国自己则以"独立革命"称之，从这里就可以看出美国对自己的历史定位。建立民主共和国，没有所谓腐败的王权和贵族，是美国人最引以为傲的部分。

然而美国的独立革命，并不是只有"独立革命"如此单纯。独立革命初期，历史上记载的1773年"波士顿倾茶事件"（亦称波士顿茶会事件），并非仅因红茶的高关税，引来殖民地贫困民众的不满。事实上，是因为英国政府为了填补英国东印度公司的资金漏洞，垄断北美地区的茶叶贩卖权，剥夺了茶叶带给殖民地进口商的庞大利益，才使得他们群起反抗。

为了向英国抗议而召开北美殖民者大陆会议，代表人几乎都是富有的上流社会人士，其中更有三分之一已经坐拥殖民政府的高位官阶。他们害怕英国的压榨会使殖民地的失业状况和贫困问题加剧，担心穷人暴动将影响他们的财产问题。表面上，独立宣言倡言"所有人生而平等"，然而实质上的"所有人"，并不包含印第安人、黑人奴隶和女性。独立革命的领导者们，想要守护的其实是白人男性的生命、自由与财产。

再举另一个例子。大家在历史课上都学过，法国大革命高举着"自由、平等、博爱"的旗帜，数以万计的民众在战争中丧命，不过这场革命，其实是守护了资产阶级的利益。唯独美国革命至今看来仍是一场为了自由、正义而战的浪漫革命。再往这段近代神话般的历史中一探究竟，便会发现这场革命的起因，可以说是英国贵族与资本家和美国新兴精英与资本家间的利益拉扯。

也正因如此，《小爵爷》才会让长大的我越看越有趣。水火不容的英国贵族和美国杂货商，仿佛美国独立战争里各自出战的代表选手，一场"英国贵族资产家"与"美国新兴资产家"的世纪对决。他们恰巧和英美一样年纪有别；假方特洛伊风波过后，伯爵改过自新，接受媳妇，逐渐与美国人越走越近的一幕，好比是第一、二次世界大战中变为盟友关系的英国与美国。

结局中，霍布斯叔叔杂货店的生意因道林柯特城堡的订单变得繁忙，也仿佛现今英国与美国在国际社会中互助的关系，使得这本小说更加意味深长。

"我成为伯爵后有件重要的事得做，就是要成为好的伯爵，不可以当坏伯爵。如果英国又要跟美国打仗，我会站出来阻止他们。"小西迪说。

待懂得"换位思考"的新生代成长，过去的历史大门将会关上。作者从小在英国出生，十六岁移民美国，亲身体会过两国不同的民族性与情感，因此诞生了《小爵爷》这本书。

事实上，该书出版之际，在美国和英国皆大受欢迎，成功抚慰了独立战争结束后两国对彼此的反感与不满。就如同书中的西迪，在两个国家成长，理解两国的不同后，成为爷爷与霍布斯叔叔的中间桥梁。但是对我来说，比起从头至尾乖巧善良、行为端正、可爱却不够让人印象深刻的西迪，两位年长者的心理变化更让我回味无穷。

霍布斯喜欢上了贵族的生活。要与"小"朋友方特洛伊分别，他非常伤心，最后决定卖掉美国的店面，移民到英国再开一间。因为与道林柯特城堡的交易，生意蒸蒸日上，与道林柯特伯爵的关系也变得更好了。霍布斯反而变得比伯爵更像贵族，每天阅读宫廷传来的信息，也不放过上议院的每一个消息。

年事稍长还是能开阔心胸接受变化的男人，真是太帅了！

注释

[1] 弗朗西斯·霍奇森·伯内特（1849—1924年），英裔美籍作家，以写作童话故事闻名于世，著有《秘密花园》（The Secret Garden）等。

美国的公主——美金公主

西迪的伯爵爷爷，根本不把没有传统美德的美国放在眼里——没有王族和贵族，理所当然也没有公主。不过，美国其实有一位公主，叫做"美金公主"。

19世纪末，少数美国人通过淘金潮与股票投资致富。他们为了买不到的"贵族血统"，让子女与欧洲贵族通婚。欧洲有一部分贵族，在商业化时代中没有成功转型为资本家，因经济状况每况愈下，开始流行与有大把"嫁妆"的美国新娘结婚。特别是无法继承家产的二儿子，父母会为他们寻找穿金戴银的美国女继承人。当时，约有一百多名美国暴发户的女儿嫁去英国，她们被称为"美金公主"。

美金公主的首席代表，非股票暴发户伦纳德·杰罗姆的二女儿珍妮·杰罗姆莫属。她嫁进了英国数一数二的丘吉尔世家，其与丈夫生下的儿子，即为第二次世界大战的英国首相温斯顿·丘吉尔。

深陷巴士底监狱的莎拉公主

弗朗西斯·霍奇森·伯内特
——《小公主》（*A Little Princess*）

莎拉分给贫穷的女孩一块面包——作者不详

——— 第三部　从故事中萌芽的革命，与现代呼应的历史 ———

《小公主》是《小爵爷》作者伯内特的另一部著作，也是小时候每个孩子必读的世界名著之一。这部作品和《小爵爷》不同，内容与美国、英国历史毫无关联，着墨于私立女校的法文课、莎拉读的法国历史书、莎拉的印度邻居与莎拉爸爸在印度的故事，主要以法国和印度的内容为主。

其中最引人入胜的地方，是19世纪英国统治下的印度以及历史书上提及的法国大革命。

在历史中看见跨越障碍的智慧

在印度出生的莎拉·克鲁是英国莱福·克鲁大尉的女儿。从小失去妈妈的莎拉，住在英国一间女子寄宿学校，因为母亲是法国人，莎拉的法文非常好，对法国历史也十分感兴趣。

聪明的莎拉非常受欢迎，但她从不骄傲且富有正义感，因此她和学校的女佣蓓琪、笨笨的亚门加德、赖皮鬼洛蒂都很要好。后来父亲离世，加上矿业投资失败破产，使得莎拉失去了寄宿学校的特殊待遇。没有任何亲戚可以依靠的莎拉成为学校的女佣，受到恶毒的校长虐待。

莎拉并没有因此感到自卑，还把自己比喻为被关在巴士底监狱的女王，度过各种艰难时刻。即便自己都吃不饱了，她仍然把仅有的六块面包，分出五块给贫穷的少女，这让她更像是一位"真正的公主"。后来父亲的朋友找到了莎拉，把父亲的财产还给她，莎拉又变回从前那位幸福快乐的小公主了。

这本小说有千百种理由感动读者，但对我来说，其中少女借着历史书籍获得成长的过程，最得我心。这本书让人们清楚地知道，读历史书可以带来多少正面的影响。莎拉被赶上阁楼饥寒交迫，每天必须忍受别人的冷嘲热讽。她把以前读过的历史故事化为力量，帮助自己度过最煎熬的时光。

每当她以为自己是世界上最孤独、最辛苦的人，历史书总能让她知道，世界上曾有一群人克服了比她现在更艰难的处境，帮助她走出悲观情绪，看见问题的症结，思考如何利用智慧跨越眼前的障碍。

亚门加德想起莎拉当时讲得唾沫横飞的法国大革命，这么有趣的故事他还是第一次听到。莎拉的眼睛闪烁着光芒，抱着膝盖，滔滔不绝。

"想象自己是历史人物，生活就会突然变得很有趣！我就是巴士底监狱的犯人，被关在这里好些年头，关到所有人都忘了我。明琪小姐就是狱长，蓓琪是……"莎拉眼神中的光芒变了，"蓓琪是隔壁的狱友。就当作是这样吧，会让我心里好受一点。"

第三部 从故事中萌芽的革命，与现代呼应的历史

"巴士底监狱"背后的意义

被赶上阁楼变成佣人的莎拉，把自己比喻为"巴士底监狱的犯人"。巴士底监狱背后的意义到底为何？

巴士底监狱是法国大革命的象征。法国大革命是典型的民间革命，将国王处死，并建立共和国，为了追求自由与平等，如戏剧般地尝试过无数的政治体制。这场革命虽源于王室的财政危机，但实质上，法国社会身份制度的矛盾才是掀起革命的根本原因。有些人认为，国王为解决财务问题，在1789年5月举行的三级会议，是革命爆发的起点；但大部分学者认为，攻占巴士底监狱才是革命的始发点。后来，法国政府将7月14日定为"巴士底日"，也就是法国国庆节，以此作为纪念。

巴士底城池原本是用以保护巴黎东边的城墙，在1382年被改为国事犯或政治犯的收容所。这里关过铁面人（实际上是戴着黑色天鹅绒制成的面具）、伏尔泰、萨德侯爵等著名人物。

法国大革命爆发当时，巴士底监狱里只有七名罪犯，而且都不是叛国罪犯。愤怒的民众为了取得监狱里的大炮，因此占领巴士底监狱。除此之外，巴士底监狱也象征法国国王的所有权力，因此攻陷巴士底监狱，对法国大革命来说具有极为重大的意义。

当时巴黎虽有另一间巴黎古监狱，不过巴士底监狱里关了许多不服从权力的罪犯以及不是罪犯的知识分子，因此莎拉才把自己比喻为巴士底监狱的犯人。她认为敏钦校长把无罪的她赶上阁楼，当成免费的女佣使唤，还老是让她饥肠辘辘，是非常不当的行为。她想象自己是巴士底监狱的犯人，怀抱坚定的信念，一定

要从这里出去。大概是历史上反抗国王与贵族不当剥削的革命史，促使她涌现了反抗的信念。

成为落难王后的莎拉

"即便衣衫褴褛，真正的公主，永远都是公主。穿着华丽衣裳被当成公主，没什么大不了。在无人理睬时，还能在心里维持公主的风度，才真正令人敬佩。玛丽·安托瓦内特王后被赶出皇宫，关进监狱，换上破旧的黑色衣裳，头发变得斑白，所有人都嘲笑她是'卡佩（波旁王朝的祖系王朝）遗孀'。不过她却比身为王后时更像王后、更加稳重，甚至在面对绞刑时，依然落落大方。"这些想法早已藏在莎拉心里，每当遇到挫折时，她就以此安慰自己。

玛丽·安托瓦内特是路易十六的王后。法国大革命之时，她在路易十六被处决后也被送上断头台。她被形容为不知羞耻、铺张奢华，是导致王室财政出现赤字的法国革命原罪之一。为了保护自己和王室的安危，她从奥地利调派军队到法国，因此还犯了叛国罪。

她是法国竞争对手之一的奥地利的公主，法国人民把对奥地利的反感和革命期间激昂的反王室情绪，都发泄在这位远嫁来法国的王后身上，她所做的一切错误都被放大检视。

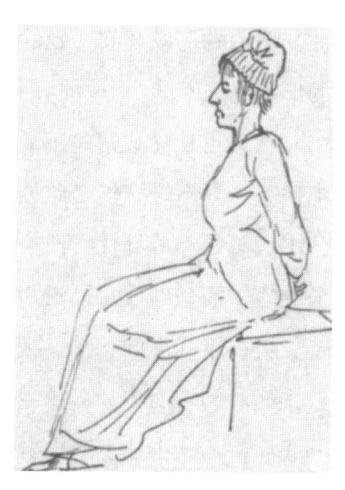

― 第三部　从故事中萌芽的革命，与现代呼应的历史 ―

1793年10月16日被送上刑场的玛丽·安托瓦内特，出自画家雅克－路易·大卫之手的素描作品。其最大的亮点是王后被送上断头台前剪得极短的头发。该图目前被收藏于卢浮宫博物馆

举例来说，对饥寒交迫的民众说："没有面包就吃蛋糕吧！"其实，这句众所熟知的话并非出自玛丽·安托瓦内特之口，在她成为法国王后的二十年前，这句话就曾出现在卢梭的著作之中，时间上完全不符。

据说这句话其实是出自路易十四的王后——玛丽亚·特雷丝口中。连先任王后所犯的错，都加诸在玛丽·安托瓦内特之上，可见法国革命之时民众对她反感之深。

路易十六被处死后，玛丽·安托瓦内特立即失去王后的身份，成了"卡佩（波旁王朝的祖系王朝）遗孀"。根据历史上的记载，

被处刑前的那段期间,她的沉着稳重让众人感到惊讶,与她先前的形象完全不同。

将自己比喻成落难王后玛丽·安托瓦内特,可见莎拉的"公主病"还真不轻。但是此处的"公主病"不全是负面的,莎拉的公主病不是养尊处优、使唤别人,也不是穿着时尚、目中无人的公主病,而是即便自己沦为贫穷的女佣,仍时时照顾比自己更辛苦、更挨饿受冻的孩子,把仅有的面包分享出去,这才是真正的公主病。阅读历史让莎拉养成了公主病,对想通过故事分享历史的我而言,《小公主》这本书格外特别。

莎拉的英国寄宿学校

英国寄宿学校的历史悠长,例如著名的伊顿公学,早于14世纪就已建校。传统英国贵族会请家教老师,或将子女送到修道院下的神学院就学。因此,以培养精英圣职人员为目标的神学院,另外开设了附属学校,招收一般学生。不过昂贵的学费,使得学校一点也不大众化。英国称名门私立寄宿大学为"Public School"的原因就是由此而来(若把"Public School"理解成公立大学的话,就大错特错了)。

1870年,英国制定了教育法,开始设立公立学校,目的是教导一般下层民众的子女实用的职业技能。因此,贵族子女与工业革命后经济状况较佳的中上层人士子女,主要仍以就读私立寄宿学校居多。现今的英国首相及其他领导者几乎都是毕业于私立寄宿学校。

贵族和企业家让子女在寄宿学校接受教育,其实是有所考虑的。表面上是为了基本教育问题,让他们离开保姆及用人,培养自我独立的能力;实际上是因为频繁的社交及商业活动,父母必须经常离家,所以才将子女送至寄宿学校。因此,工业革命后,寄宿学校的发展更加蓬勃。随着全国铁路的发达,还有父母特别打听学校声誉,不惜大老远把子女送去就读(例如"哈利·波特"系列中出现的霍格沃茨特快列车）。

维多利亚女王时期（1837—1901年），大英帝国国力达到巅峰之际，寄宿学校的需求量也随之达到巅峰。在殖民地工作的外交官、高级管理层或东印度公司的员工们，待儿女到了学龄阶段时，就将他们送回英国接受教育，毫无选择权的孩子们只能住在寄宿学校。莎拉的爸爸也是在印度就职，所以把莎拉送回祖国的敏钦女子学校。

小说《简·爱》（Jane Eyre）中，女主角简就读的洛伍德学校，也是寄宿学校之一，但是它属于慈善学校，是为了教导贫民阶层的孩子读书、写字、宗教教义、裁缝、编织等而成立的职业训练学校，与莎拉和丘吉尔首相的寄宿学校完全不同。

革命、路障与下水道交织的悲惨世界

维克多·雨果
——《悲惨世界》（*Les Misérables*）

冉·阿让——古斯塔夫·布里翁

维克多·雨果的作品风格一向沉重，比起主角的故事背景，更着墨于时代背景。《悲惨世界》对于1815年的滑铁卢战役，以及主人翁利用巴黎下水道逃脱战场的故事着墨甚多。

有些人以为《孤星泪》是雨果的另一部作品，但其实是《悲惨世界》的儿童版大多以《孤星泪》作为书名。有句冷笑话说："看完了《孤星泪》，但看不完《悲惨世界》。"现在听起来好像也无不妥。当时我读完了儿童版，不懂人们为什么要分成两派，也不懂冉·阿让救出马里尤斯时怎么能从下水道逃走。真是让我百思不得其解。

悲惨的人们与耀眼的人性

冉·阿让为了饥饿的侄子们偷了一块面包，遭到判刑收监。加上屡次逃狱，好不容易熬过共十九年的牢狱生活，此时冉·阿让心中对世界满是愤怒。出狱后遭众人嫌恶的他，前去偷窃主教米利埃的银餐具，途中却被警察逮个正着。米利埃主教却向警察谎称银器是自己送冉·阿让的礼物，被感动的冉·阿让决定痛改前非，重新做人。

他改名为马德兰，在一个叫蒙特勒依的小城镇成功经营了一间工厂。声望极高的他，不久之后就跃升为市长。就在此时，有一个人因为被误认为是冉·阿让，而遭判终身监禁。内心极为愧疚的他，出来表明自己的身份，于是再次进了监狱。

然而，冉·阿让曾答应工厂女工芳汀，要在她死后照顾她的女儿柯赛特。为了履行承诺，他越狱了，并把柯赛特从贪婪无厌的泰纳迪埃夫妇手上救出。柯赛特叫冉·阿让爸爸，他因此感到幸福。

为了逃避警察沙威的追捕，父女俩的生活始终无法安定。1830年，为与保皇党抗争，七月革命就此爆发。在两年后的某次混乱中，沙威因冉·阿让的帮忙而顺利逃过死劫，但是沙威却敌不过内心的冲突，因而自杀。柯赛特的恋人马里尤斯在战场前线负伤，冉·阿让背着他通过巴黎下水道，躲过保皇党的追击，救了他。后来马里尤斯与柯赛特有情人终成眷属，冉·阿让把财产留给这对新婚夫妇，并揭露自己的身世，最后辞世。

法语原文书名为"*Les Misérables*"，是"可怜之人"的意思。雨果书中的内容与题目一脉相承，以温和的角度叙述19世纪法国民众不幸的生活。一个误入歧途的人，受到米利埃主教的感召而痛改前非，不管看几次都仍扣人心弦。

面对冤家路窄的沙威，仍释出人间温情的冉·阿让，再加上马里尤斯一群年轻人追求自由理想的热血行动，都是如此动人心魄。作者维克多·雨果因反对拿破仑三世称帝，被迫流亡至英国根西岛，十九年的思乡情怀为这部作品更添动人之处。事实上，雨果的葬礼是以"国葬"的方式进行，从中可以看出法国人民对他的尊敬。

以路障唱出人民的权利

这本分量十足的小说，故事时间从1815年滑铁卢战役，跨越到1830年的七月革命，再到两年后的1832年反皇权运动，共十七年。

拿破仑在滑铁卢战役中战败，被流放至圣赫勒拿岛。其后登基的路易十八，是惨遭处刑的路易十六的弟弟，法国又再次进入王权统治时期。重新夺回权力的波旁王朝国王们，包括后续继位的查理十世在内，企图与克莱门斯·梅特涅（奥地利政治家）联手维持欧洲的世袭君主制度，被称为"维也纳体系"的反动政策随之出现。统治者不但限制市民选举权，更巨额补偿在革命中失去土地的贵族，该时期的历史完全倒退回1789年法国大革命以前。

查理十世强行侵略阿尔及利亚，并于1830年7月宣布解散国会。对此，民众群起反抗，在巴黎市内设置路障，掀起一波激烈的巷战。最后国王被推翻，具有庶民形象的路易·菲利浦一世登基成为新任国王，史称七月革命。

但是，身为共和主义和劳动者的群众对路易·菲利浦一世感到不满，趁着1832年霍乱猖獗之时，站出来维护人权，并且在让-马克西姆利安·拉马克将军举行葬礼的同时，发动反王权示威。巴黎市内再次排满路障，展开一连串的巷战。冉·阿让救出与保皇党发生冲突而负伤的马里尤斯，以及放走被共和派人民军俘虏的沙威，都发生于该时期。

因此，小说中叙述的法国革命期间的巷战，准确来说并非发生于1789年的法国大革命，而是七月革命后1832年发生于巴黎的反王权巷战。《悲惨世界》具体描绘出法国革命的仓促与庄严，更写出革命与反革命的激浪中，仍然存在于人间的互爱精神。

雨果曾说："艺术是美丽的。为了进步而创作的艺术，会更美丽。"这本书可以说是涵盖了他的世界观及人生观的巨作。这部小说原著，与只着重于米利埃主教一事的儿童版《孤星泪》，可谓是相差甚远。

走进巴黎下水道，重回悲惨世界

超越历史与时代，充满动人情节的《悲惨世界》，即便已经发行超过一百五十年，但时至今日，作品里出现的地方仍是法国的热门观光景点，例如冉·阿让待过的土伦监狱、偷走米利埃主教银器的迪涅教堂、救出柯赛特的蒙费梅伊泰纳迪埃小酒馆、救出马里尤斯的巴黎下水道等，其中最吸引我的，就属巴黎的下水道了。下面是引用儿童全集内《悲惨世界》所收录的下水道内容：

> 他发现前方几步路程，有一扇通往地下的门，因先前的冲突，那扇门被打破了一个大洞。冉·阿让扳起那扇变成铁窗的门，把马里尤斯背在肩上，往下走去。所幸地下并不像水井般深不见底，他再次把铁门关上。现在的他在一个地下道中。
>
> 这里就是巴黎市内的下水道。地面上枪战的声响仍隐约传进他的耳朵里。不过马里尤斯就像死了般，毫无

反应。

下水道里漆黑一片，伸手不见五指。……下水道的通道还算宽敞，冉·阿让为了避免身体泡进水里，花了不少力气。下水道是跟着平面道路而建，但当时巴黎下水道约有两千两百条岔路，总长约四十四千米，冉·阿让对方向简直毫无头绪。

欧洲当时并没有厕所，人们将排泄物直接倾倒在街道或河川之中。排泄物通过下水道流入大河中，受污染的水又直接被使用，因此整个城市都暴露在传染病的威胁之中。

14世纪中叶鼠疫猖獗，欧洲各国渐渐开始注意下水道的问题，但以巴黎来说，1606年兴建的下水道，至1802年洪灾后才开始打算整顿，直到1832年霍乱迅速蔓延，造成约一万八千人死亡，当局才痛定思痛，正式大力整顿，将废水集中，排放至人烟稀少的地区，霍乱及伤寒（由细菌引起的肠道传染病）等水源传染性疾病才大幅减少。

因此工业革命前、下水道尚未完全整顿时，人均寿命仅有四十岁，直到下水道整治完全后，人均寿命便急速上升。20世纪后，人均寿命约增加三十五岁，其中三十岁是下水道整治的贡献。

《悲惨世界》把当时的巴黎下水道描述得淋漓尽致，至今仍是巴黎市的考证材料之一。巴黎下水道博物馆的其中一样展示品，就是《悲惨世界》。下水道博物馆的墙上不仅贴了《悲惨世界》中下水道场景的插画，游客们还可以直接参观冉·阿让带马里尤斯逃走的下水道。

现在巴黎下水道总长约两千三百公里，是从巴黎到伊斯坦布尔的距离，长度非常可观。第二次世界大战中，德军占领巴黎时，市民抵抗军为避开敌人耳目，经常利用下水道行动。下水道的每个岔路，都会标上地面道路的路名，因此就算位于下水道，也可以大致掌握路面的位置及方向。

每当阅读完一本好书或看完一部好电影，都会激起我想参观其中著名场景的欲望，不过至今仍没有机会到巴黎下水道走一遭。如果有机会的话，我一定找朋友同行。如此一来，才能完整重现冉·阿让背着马里尤斯走在下水道的场景，一石二鸟。

拿破仑三世忧患下的巴黎

巴黎现在的样貌是由拿破仑三世和乔治·欧仁·奥斯曼联手打造而成。拿破仑的侄子拿破仑三世，在1852年委托奥斯曼男爵进行城市规划，将巴黎街弄改造为条条大路。

名义上是想要改善巴黎市容，不过背后的原因是来自拿破仑三世的忧患。他成为皇帝以前，就经历过革命中爆发的巴黎巷战。掌权后的拿破仑三世，决定重新改造容易堆积路障的窄巷和不规则的道路，便于在市民暴动时镇压。

保有中世纪旧市容的巴黎，当时改以直线道路连接主要广场，石子路被柏油路取代，并大举增设路灯。冉·阿让背着马里尤斯走过的下水道和自来水道，也在那时遭到重新整顿。

19世纪意大利的心脏——爱的教育

埃迪蒙托·德·亚米契斯[1]
——《*爱的教育*》（*Cuore*）

《爱的教育》意大利原版书封——作者不详

《爱的教育》原文书名为意大利语的"Cuore"，指的是心、心脏、爱的意思。作为一本儿童读物的书名，好似有些格格不入，毕竟它不是一本科学童话故事。让我们从故事中推敲书名"Cuore"背后的意义，听听这位学习意大利统一运动史的爱国男孩热血沸腾的"心声"吧！

书名的"心"代表什么？

　　不知是受到小说还是电影的影响，许多人以为这本书只是单纯探讨男孩间的友情与校园生活。但在我看来，这部小说是《世界名著童话全集》中目的性最为鲜明的作品。

　　作者亚米契斯在 1866 年，也就是他二十岁那年，参加了意大利统一战争，直到 1870 年占领罗马为止，一直过着军旅生活。他亲身经历了意大利统一运动，见证了意大利在奥地利和法国双面威胁之下分裂成七小国而又统一的过程。成为作家的他，为了将经历传递给下一代，借由一位住在阿尔卑斯山下——杜林的小学四年级男孩安利柯一年来的日记，写下《爱的教育》这部长篇小说。因此在这部小说里，经常出现"过度强调"爱国心的训诫。

　　　　记住我说的话，这种事随时可能再发生。卡拉布里亚的少年，可以把杜林当成自己的故乡；杜林的少年，也可以把卡拉布里亚看作是自己的故乡。我们的祖国因三十年的斗争，失去了三万多条性命。你们必须互相尊重、互相喜爱。仅因地域不同就随意侮辱好友的人，没资格面对意大利国旗。

上述是老师为欢迎从卡拉布里亚转学过来的少年所说的话。卡拉布里亚位于意大利南部地区，也就是地图上意大利长靴的鞋头部分；而杜林则位于西北部地区。课堂上老师与父母强调的友爱，象征了意大利统一后各地方的和谐。小说书名"心"，正是指"爱国心"。

不断出现的意大利统一教育

《爱的教育》的时代背景，发生于意大利统一十年后；空间背景则选于当时的意大利王国首都、皮埃蒙特大区的杜林。从小说中可以感受出，作者不仅想描述学校所在的杜林，更意图均衡地探讨意大利的各个地区。

作者在每个月末放上一篇"每月故事"，除了安利柯的校园生活外，额外加上九则短篇小说，各篇主角分别是来自帕多瓦、伦巴底、佛罗伦萨、萨丁尼亚岛、罗马涅、热那亚、西西里岛等地区的少年们。这几个地区长期以来被分化为城邦或王国，各自独立发展，作者的安排可以看作是用来强化地域情感丰富的意大利人民间的和谐。

有趣的是，作者也把出身阶级放入学校同学之间。个性随和、人际关系良好的主角安利柯，属于中产阶层，班上还有水泥工、铁路员、商人、铁匠的儿子,因孩子打闹而见面的父亲们,跨越了贫富差距,互相敞开心房。他们教导子女有个相同的信念,就是要爱国家、爱朋友。不愧是一部"最佳模范"小说。特别是卡隆[2]被过分理想化,让人感到不切实际。

安利柯的父亲虽然经常写信给他,但信中大多不是表达父爱,着墨更多的是朱塞佩·加里波第将军、加富尔首相、维托里奥·埃曼努埃莱二世等意大利统一英雄的故事。不仅如此,连课堂上老师考的听写内容都是:

> 朱塞佩·马志尼,1805年出生,1872年死于比萨,是拥有伟大灵魂的爱国者、才能超群的作家、引领意大利革命的精神指导者兼殉道者。对祖国的热爱使他被流放四十年,四处遭到迫害,过着贫困的流浪生活,但他的灵魂守护了他的自我原则。

对于小学听写来说,内容不会太过赤裸吗?老实说,小说中那位打鼓少年为忠诚而死的场面,让我寒毛直竖;柯莱谛的爸爸愿意将血奉献给国王的言论,也令我毛骨悚然。长大后再次阅读《爱的教育》,发现它实质上是一本洗脑教育之作。过度且毫无避讳的英雄主义,加上强悍的军国主义风格,几乎让人无法接受。

至于我的反应为何如此激烈?我想是成长期里被灌输了"民族复兴的历史使命"所致。阅读书籍,不仅要考虑作品的时代背景,读者的时代背景也会对此造成极大影响。

我们不能忽略本书创作之际,意大利正沉浸于统一的成就和反抗外敌的情绪之中；就像我们阅读日报时期或民主化运动时期的反抗诗，也不能任意批评其不够优雅，甚至粗糙呆板。所以阅读这本书时，必须将当年意大利人民的情绪一起纳入考虑之中。

19世纪意大利统一运动的性质

意大利统一运动的性质非常奇特，结合了抗击外来侵略运动、民族运动和独立运动三大要素。接下来，我们来看看形成这种综合性运动的历史原因吧！

476年，罗马帝国灭亡后，意大利半岛的混乱与分裂接连不断。各地接连出现国王或贵族统治的君主政权国家以及实施共和体制的城邦。中世纪过后，地中海贸易为文艺复兴带来繁荣与灿烂，但是对意大利人来说，他们并没有统一意大利的国家概念，也没有同为意大利人民的共识。比起意大利全民族的共同利益，各国的统治阶层更看重自我统治下的家族利益。每当他们因外患或权力斗争引发内部战争时，又会将其他外国势力牵扯其中。

另一方面，占领现今德国与奥地利地区的神圣罗马帝国，认为自己是继承古代罗马帝国的世界帝国，不断试图掌控拥有罗马的意大利半岛。而想与神圣罗马帝国争夺欧洲霸权的法国，则不断越过阿尔卑斯山脉侵略意大利北部地区，甚至在意大利领土内掀起战争。罗马教廷的存在，对意大利来说是弊大于利，当时教皇是位于意大利半岛中部的教皇国君主，类似现在的联合国。原本教皇负有调解各地区纷争之责，却导致意大利半岛内的权力冲突越来越错综复杂。

最后，神圣罗马帝国的后裔奥地利与法国统治了意大利北部；南部则在西班牙的统治及干涉之下，持续分裂至近代。然而在抵抗外来势力的过程中，意大利人的民族意识逐渐抬头。直到19世纪初期，拿破仑的侵略才使得意大利人开始渴望统一。

1796年，拿破仑军队击退对意大利北部极具影响力的奥地利，而后又打破意大利半岛各国家的旧体制，将教皇赶出罗马，成立共和政体国家。以法国革命理念为基底的《拿破仑法典》（又称《法国民法典》）统治了意大利。

表面上是法国军队救出深陷于旧体制的意大利民众，但实际上这次的解放不是为了意大利人，而是为了拿破仑的野心。他夺去意大利的艺术品及文化财富，将其移至巴黎，意大利沦为拿破仑世家的私人领地。加上英国为牵制法国，掌控了西西里岛与撒丁岛，意大利仍然是列强们的兵家必争之地。

1815年拿破仑失败后，在奥地利首相克莱门斯·梅特涅的领导下，施行让全欧退步至法国革命以前的复古主义反动政治。许多逃离意大利的君主接连回归，他们无法忽视奥地利的恩情，只能施行亲奥政治。

拿破仑统治时期的意大利，只是形式上废除封建特权、统一意大利，但亲奥时期的意大利却是政治大倒退，这是意大利民众决不允许的。为了建立规范政治的意大利宪法、驱逐奥地利等外部势力，并诉求民族独立和单一政府，意大利人民发起"意大利统一运动"即复兴运动。如此的历史背景，让意大利统一运动成为抗外、统一、民族、独立运动合一的全民运动，而《爱的教育》

正着实反映出当时热血沸腾的社会氛围。

欣赏这部小说时,不能只以现代的角度批判其过度强调军国主义,而要充分考虑当时意大利人的立场。若不经深思熟虑,就随意批评作品的完成度,认为其过度粗糙,反而是让自己陷入偏见之中。所以,某种层面上具有"主观的"背景知识,反而对阅读理解颇有帮助。

现在仍无法停止的"爱的教育"

1848 年法国二月革命结束后,在意大利青年党领袖马志尼的引导下,展开意大利统一运动。理想主义的马志尼,最终在流亡中丧命。其后的统一运动主要发生于意大利北部、法意交界处的小国——萨伏依公国。在加富尔首相的强势领导下,终于与奥地利爆发了统一战争,统一了撒丁岛、皮埃蒙特、伦巴第等北意大利地区。但过程中为得到法国支持,将萨伏依与尼斯分划给法国。

此外,隶属意大利青年团的朱塞佩·加里波第领导"红衫"志愿军,夺回意大利的西西里岛与那不勒斯王国,并将其献给撒丁王国。直到 1861 年才终于完成南部统一,建立意大利王国。

其后,奥地利前领土——东北部的威尼斯地区,则是在普奥战争(又名德意志内战)后合并,并于普法战争(在法国称 1870 年法德战争,在德国称德法战争)中占领了罗马周边的教皇国。1870 年,意大利统一战争终于落幕,1871 年迁都罗马。

20 世纪,历经贝尼托·墨索里尼法西斯党的独裁政治以及第二次世界大战,最终在 1946 年废除君主制度,完成了马志尼的遗愿,意大利共和国就此诞生。

但是长期以来地域性的独立发展,使得意大利人的地域情感浓厚,引发了不少社会问题。曾被希腊、伊斯兰、诺曼、西班牙统治过的南部地区,与历经中法兰克王国和法国影响的北部地区,严格说来属于不同民族。工业发达的北部人认为自己辛苦劳动支付的税金,都花在懒惰的南部人身上,因此对他们极度不认同。

面对严重的地域、阶级争端,忧虑的意大利人甚至失足支持法西斯党领袖——墨索里尼。就在 1922 年,墨索里尼上台,开始动用国家权力,以口号"政治的分裂即是国家的伟大"来掩盖地域的分裂。

正是由于无法完全统一的经济差异和政治分裂,一百五十年前《爱的教育》里才会着墨于意大利民族统一教育。

注释

[1] 埃迪蒙托·德·亚米契斯(1846—1908 年),意大利作家,早年曾投身军旅、当过记者。

[2] 班上一位叫德罗西的孩子经常被一些同学取笑,甚至连他的母亲也成了被揶揄的对象,他忍无可忍之下朝欺侮他的孩子丢墨水,却不小心丢到老师,而卡隆竟义无反顾地替德罗西顶罪。

意大利统一的最佳功臣——比萨

比萨发源于 18 世纪初的意大利那不勒斯地区。南美洲的西红柿虽于 16 世纪传入意大利，但欧洲人盛传西红柿带有剧毒，因而拒吃，唯有那不勒斯的穷苦人家，经常会将便宜的西红柿和入面团食用。直到现在，西红柿加马苏里拉奶酪口味的比萨，仍被称为"比萨"。

那不勒斯的比萨价格非常低廉，家里没有火炉的贫民及劳动阶层，以此作为主要的街头美食。法国小说家亚历山大·仲马曾说："那不勒斯贫民们，夏天只吃西瓜，冬天只吃比萨。"不仅外国人大仲马这么认为，连那不勒斯以外的意大利人对比萨也持有负面印象。比萨从那不勒斯的贫民饮食变身为意大利的国民美食，这段历史不禁让我想起意大利的统一史。

位于意大利南部的那不勒斯，直到加里波第将军征服该地后，才被纳入意大利王国。当时是 1861 年。不过那不勒斯地区与其他南部地方，对于新任国王埃曼努埃莱二世的忠诚度普遍不高，因为他是以杜林为据点的萨伏依王国的国王。

1889 年 6 月，是埃曼努埃莱二世之子翁贝托一世继任的第二年。他在王后玛格丽特的陪同下出访那不勒斯。王后在位于那不勒斯街弄中心平民表决广场的布兰迪餐厅点了一份比萨。意大利统一以前，位于北方杜林的萨伏依王朝受到法国影响深远，王室料理也以法国料理为主，即使身为王后也无法享受到意大利料理。

布兰迪的主厨拉法埃莱·艾斯波西托，特别为王后制作了一道比萨，除了既有的西红柿和莫札瑞拉起司以外，还多加了罗勒叶。以西红柿、起司、罗勒叶为主食材的比萨，看起来就像白色、红色、绿色的意大利三色旗。这道庶民美食除了让王后惊艳于它的美味，厨师的爱国心更深深感动了她。之后，这道比萨料理便以王后的名字"玛格丽特"为名。充满爱国情怀与忠诚精神的那不勒斯比萨，终于咸鱼大翻身，成为上至王后下至庶民的国民美食。

20世纪初，法西斯政府独裁领袖墨索里尼，为防止浪费，曾鼓励人民食用简朴的比萨作为主食。但其实直到第二次世界大战后，南方人为找寻工作机会大举迁移北方之际，比萨才正式成为意大利的传统饮食。有趣的是，意大利统一运动是由北到南，而比萨则是由南到北统一了意大利。

意大利的南北地域情结至今未减，但在比萨面前却是荡然无存。1997年夏天，北部意大利分离主义者曾发起比萨抵制运动，不过这项提议连意大利北方统一领导者都不愿支持。这么看来，意大利的统一英雄不是政客，也不是军人，应该是"比萨"才对。

第四部

诡谲的童话故事，透露出
不可忽视的秘密

最后一课,是谎言还是民族?

阿尔丰斯·都德[1]
——《最后一课》(*La DernièreClasse*)

黑色污点——阿尔伯特·贝特尼
(地图上标明的阿尔萨斯-洛林,即为法国与德国间长期以来的争议地区。图中老师遵守法国教育方针,教导学生"下个时代一定要夺回的土地",而阿尔丰斯·都德出生于此处,并选择了法国国籍,与《最后一课》的情节不谋而合。)

假如日本有一本这样的短篇小说：

> 1945年8月15日，朝鲜半岛上某某市的小学传来日本无条件投降的消息。
>
> 身为日本人的语文老师（当年上课使用的语言是日语），如今无法继续教学。他在悲伤中开始最后一堂课，老师哽咽地要大家不要忘记日文，朝鲜学生们聚精会神地认真听讲，后悔着过往学习日文不够努力。
>
> 一位学生听见窗外传来喜鹊的叫声，感叹地说道："难道连喜鹊都只能说朝鲜语了吗？"课堂结束的钟声一响起，窗外传来呐喊："朝鲜独立万岁！"日本老师则在黑板上写下："大日本帝国万岁！"

而且这本小书成功引起日本人的爱国心，成为日后的必读小说。不仅如此，日本后裔势力还打出"复兴国土（即朝鲜）"的口号，这本小说被翻译成各国语言，使外国人误以为这就是日本强占朝鲜的真实历史，甚至访韩的日本人还到某某小学留影纪念，拜访《最后一课》的真实场景，感叹"母语的重要性"。

例子虽然有点极端，不过阿尔丰斯·都德《最后一课》中描写的德法关系就是上述的翻版。

最后一课的误会

阿尔萨斯与洛林隶属于德国的时间，远比隶属于法国的时间长。这里的方言，原本就是德国方言分支中的阿尔萨斯语。韩国教科书中把这本小说当成朝鲜日治时期（1910—1945年）的翻版。

历史的内幕让这部作品变得荒唐，但实际上却又不这么荒唐。下述是《最后一课》的内容大纲：

有一位住在阿尔萨斯的少年，不喜欢读书，喜欢在田野间奔跑的他经常迟到。某天，他又迟到了。不过老师却没有责备他，教室里气氛严肃。

老师说道："这是最后一堂法文课了。"法国战败，阿尔萨斯与洛林现在隶属于普鲁士。法文课被废除，从明天开始以德文课取而代之。老师对着学生和前来参观最后一堂课的村民们强调"母语的重要性"。

下课钟声一响，远方传来普鲁士军人的喇叭声。哽咽的老师沉默地在黑板上写上："法兰西万岁！"为最后一课画下句点。

《最后一课》是阿尔丰斯·都德于1871年发表的作品，与其他四十篇叙述普法战争和普鲁士占领法国的短篇小说一同发行，收录于1873年发行的《月曜日故事集》（Contes du Lundi）中。

普法战争——德法纷争的起点

普法战争发生于1870—1871年，是法国和普鲁士间的战争。其中"普"指普鲁士，"法"则指法兰西。以前许多学生搞不清"普法战争"，但现在许多书籍上会直接标明"普鲁士－法国战争"，理解上变得容易许多。

1870年因西班牙王位继承问题，普鲁士与法国之间的战争一触即发。浮上台面的新兴强国普鲁士，想借机阻止法国势力扩大，以除掉可能阻碍德意志统一的绊脚石。法国皇帝拿破仑三世于色当战役时被俘，普鲁士进军巴黎，并在法国凡尔赛宫内的镜厅宣布德意志帝国成立。

1871年5月10日，两国签订《法兰克福条约》后终战。条款中规定法国必须赔偿五十亿法郎给普鲁士，在赔偿金付清以前，普鲁士军队将驻扎法国，而且法国还得割让阿尔萨斯与洛林给普鲁士。不只天价赔偿金让人吃不消，更形同践踏了法国的自尊心。阿尔萨斯与洛林被割让后，刺激了法国人的民主意识，直到第二次世界大战爆发以前，法国与德国的关系就像是欧洲政治的未爆弹。

德法两国的必争之地——阿尔萨斯与洛林

阿尔萨斯与洛林的东北部紧邻德国，过去为神圣罗马帝国的一部分，查理大帝统治时期为查理曼帝国所属。查理大帝死后，他的孙子于843年签订《凡尔登条约》，查理曼帝国分割为西法兰克王国即为日后的法兰西王国，中法兰克王国为现代意大利的雏形，东法兰克王国则演变为德意志王国。

位于阿尔卑斯山一带的中法兰克王国，同时受到德国、法国、意大利影响，因此除了意大利半岛外，其余地区皆没有鲜明的民族性。这些地区在德语中被称为"Lothringen"，源于中法兰克国王洛泰尔一世之名，而其在法国则被称为"Lorraine"（洛林），阿尔萨斯就位于洛林南部。

其后因《墨尔森条约》，阿尔萨斯与洛林转为东法兰克所属，长期受到德国文化渲染。然而17世纪，三十年战争结束后，又在《威斯特伐利亚和约》之下，成为法国领土。但是长时间隶属德国，即便之后合并法国，一般民众仍以德语交谈为主，仅有部分上流阶层使用法语。

1871年，阿尔萨斯大部分地区和洛林东部地区被并入德国以前，当地使用法语的人口仅有11%。由此可知，《最后一课》是完全以法国立场为前提的小说，掺杂了过多的民族情绪。

> 学校屋顶上的鸽子低声鸣叫，此时我心想："现在连鸽子都只能说德语了吧？"

不过，内文中的感情叙述与当时阿尔萨斯人的情感是否吻合呢？毕竟阿尔萨斯长期隶属于德国，居民对于德国的语言及文化更为熟悉，法国人对此也非常清楚，路易十四甚至说过"阿尔萨斯是法国里的德国"。但是作者为什么硬是强调阿尔萨斯与洛林是"使用法语的法国领土"呢？

原因在于在新大陆的银矿传入以前，阿尔萨斯是欧洲几个能够采集银矿的罕见地区之一；洛林地区则具有非常丰富的煤炭、铁矿等矿产资源。工业革命时期，占领煤炭、铁矿产地，能为国家带来非常可观的资源。作为军事工业的基本，煤炭与铁矿具有非常重要的意义。

法国相较于德国，除了阿尔萨斯与洛林地区以外，没有任何煤炭、铁矿产区，因此该地的所有权对法国而言更是至关重要。此外，自古以来阿尔萨斯就是通往双方国家的交通要地，对德国、法国来说都是兵家必争之地。

以法国的立场来说，普法战争之后他们"失去"了阿尔萨斯与洛林。但以第三国的角度看来，对一个长期隶属德国之下的地区，使用"失去"二字反而有些奇怪。不过这段历史确实让法国人的自尊心蒙羞，唤起他们对德国的报复之心。小学的体育课，甚至被强调是为了收复阿尔萨斯与洛林的体力训练。强烈的社会氛围，造就出阿尔丰斯·都德的《最后一课》。

德法间的民族情绪与竞争心理，持续延续至第一、二次世界大战。1914年第一次世界大战爆发，法国打败德国，成功收复阿尔萨斯与洛林。法国选择在凡尔赛宫的镜厅签署条约，要求德国支付巨额赔偿金。这次的巨额赔偿，成为日后纳粹与希特勒极权统治的幕后推手。

其后德国再次挑起第二次世界大战，占领了阿尔萨斯与洛林，但战后又归还给法国。由此看来，普法战争后至第二次世界大战前的所有战事，皆因德法间的冲突而起，且主要围绕在阿尔萨斯与洛林的纷争之上。

世界上最优美的语言

接着韩麦尔老师说，法语是世界上最美丽、最标准的语言，千万不能忘记这种语言。不管被什么国家俘虏，守护祖国的语言，就是手握监狱之门的锁匙。

不知为何，小说的内容让我联想到我们对殖民地和领地强硬的语言政策。其实有一个我们容易忽略却需要重视的问题：就算在同一个国家，也会发生强迫其他地方使用首都或强势地区方言的情况。根据调查，1860年的法国境内，使用法语的人数不到四分之一。法国东南部的普罗旺斯、西北部的布列塔尼等地区的地方法庭，遇上当地农民出庭作证时，甚至必须动用口译。法国大革命以后，随着教育普及，法国学校才开始进行法语的单语教育。在学校，若小学生不慎使用方言，还会受到老师的惩罚及侮辱。阿尔萨斯与洛林也是如此。

《最后一课》之所以打动韩国的读者，是因为朝鲜日治时期，小学里施行的"方言札"（废除方言、强制推行标准语的手段）。学校在使用朝鲜语的学生身上挂上木牌，以示标记。但方言札不仅于韩国实行，20世纪60年代，日本在第二次世界大战战败后，日本冲绳等其他使用方言的地区，同样会对没有使用标准日语的学生处以"方言札"。

阿尔丰斯·都德说："法语是世界上最美丽、最标准的语言。"我难以苟同。世界上每个人都有母语，每个人的母语都是世界上最美丽、最标准的语言。

希望读过本章节的你，若前往斯特拉斯堡旅行，不会赞叹此地是《最后一课》的真实场景，也不要为母语及民族的灵魂而悸动。而是仔细了解隐藏其中的历史真相。

注释

[1] 阿尔丰斯·都德（1840—1897年），法国写实派小说家。

从阿尔萨斯与洛林起源的欧洲同盟

由这本书,我想起与阿尔丰斯同是出生于德法边境的罗贝尔·舒曼。准确来说,他出生于卢森堡,随着地方情势发展,他一会儿是德国人,一会儿又是法国人。同时学习卢森堡方言和法语,使当地人具有一种独特的腔调,与其形容他们是法国人或德国人,"阿尔萨斯-洛林人"的称号更为贴切。

二战后,身为法国外交部长的他,提议德法共同管理阿尔萨斯与洛林丰富的铁矿和德国鲁尔地区的煤炭。这项计划称为"舒曼计划",而欧洲煤钢联营(简称ECSC)就是由此诞生。ECSC创办初期,由法、联邦德国、意、比、荷、卢六国组成。该组织历经欧洲经济共同体(EEC)、欧洲共同体(EC)时期,才发展至现今的欧洲联盟。

现在参与欧盟的国家逐渐增加,罗贝尔·舒曼成功创造了"一个欧洲"的基石。欧洲议会本部目前仍设于阿尔萨斯的斯特拉斯堡。除了欧洲经济共同体外,这里也是团结欧洲政治同盟的重要地区。普法战争后,比起像阿尔丰斯一般被过度盲目的民族主义遮掩的法国知识分子,二战后提出"跨国境合作计划"的罗贝尔·舒曼,显得更加光芒耀眼。

人面巨石下的美国建国真相

纳撒尼尔·霍桑[1]
——《人面巨石》（*The Great Stone Face*）

（霍桑以位于阿帕拉契山脉分支——
白山山脉上的一颗自然石观作为小说的故事背景。
但2003年5月的一场暴风，使"山中老人"倒塌，该景观已不复存在。）

上中学的时候，语文教科书里收录了《红字》(*The Scarlet Letter : A Romance*)作者纳撒尼尔·霍桑的短篇小说《人面巨石》。这篇小说能唤起许多关于清教徒和美国建国初期的历史的记忆。

故事发生于美国南北战争后的某个清教徒村庄。住在山脚盆地的少年欧内斯特，每天都会看着对面山头那座人脸形状的石头沉思，那颗石头就叫做"人面巨石"。他听母亲说过，在印第安传说中，如果有长得和巨石一模一样的孩子出生，必定会成为伟大的人物。

欧内斯特一心想见这号人物。在众人的帮忙下，他见过富商"捞金先生"、铁血将军、舌灿莲花的政治家"老面石"，却换来一次次的失望。最后他见到一位诗人，也不是传说中伟大的人物。

然而听着欧内斯特传教的诗人，却忽然发现欧内斯特其实就是传说中伟大的人。他大喊："快看啊！欧内斯特就是那位长得像人面巨石的伟人！"尽管如此，欧内斯特仍谦虚地等待着长得像人面巨石的伟人，出现在自己面前。

第一次读《人面巨石》，是我读中学的时候，那时我已经会一些基础的英文单词。第一次看到主角欧内斯特（Ernest，是德文"诚实"的意思，相等于英文 Honest 之意）的名字时，就有预感他是那位长得像人面巨石的伟人。连名字都叫"诚实先生"，摆明了伟人非他莫属。

那些冒牌伟人的特征，也能从名字上略知一二：富商"捞金先生"，无非就是一位视钱如命的人；"铁血将军"，一看就是冷血无情；政治家"老面石"，摆明就只是长得像巨石，是个金玉其外、败絮其中的角色。当时我真的认为作者取名的品味也太差了。但事实上，登场人物的名字无关作者品味，而与清教徒的历史、文化大有关联。

追寻宗教自由而从英国远赴美国的清教徒，为了与英国国教会做出分别，会避免取天主教或英国国教会信徒使用的姓名。旧教徒信仰的"玛利亚"，荣登最不受欢迎榜的第一名，还有史蒂芬妮与卡特琳娜这类的天主教圣人，也是清教徒避之不及的名字。因此，清教徒的名字多取自于《旧约全书》，美国总统林肯的名字"亚伯拉罕"，就是当时非常流行的名字之一。

除此之外，清教徒还会使用以往不曾使用过的"抽象人格字汇"当作名字，小说主角欧内斯特和修米勒提（Humility，谦卑）就是举证之一。反之，旧教信徒为反宗教改革，不分男女都以圣母"玛利亚"命名，因此身为男性的德语诗人赖内·玛利亚·里尔克，才会以"玛利亚"为名。

连现实中都以抽象的名词命名，更何况是虚构的小说，因此小说中身为清教徒的主角，才出现如此"一目了然"的名字。霍桑代表作《红字》中的女主角女儿，也是一个很好的例子。女主角通奸后生下的女儿，名字取为"珠儿"（Pearl），珍珠是疼痛中产生的宝石。胸口被画上红字，历经苦难，好不容易守住的女儿，能有比珍珠更适合她的名字吗？

清教徒的历史，让我们知道《人面巨石》的角色命名并不幼稚，而是完全反映出了当时的社会文化及背景。

从小说人物看美国建国历史

人面巨石不过是一座陡峭的山坡上交错堆栈的大岩石，却奇迹般地形成一座雕像，从远方望去，酷似张人脸，仿佛是一位巨人，把自己的相貌刻在其上。巨人的额头足足有三十几米长，鼻梁高挺，嘴巴发出的声音足以响彻云霄，贯穿整座山谷。近看虽然只是几块大石头，但退得越远，脸部的轮廓却会越来越鲜明。

作者的故乡位于美国东北部的马萨诸塞州，当地真的有一块人面巨石，就位在美国东部的阿巴拉契亚山脉分支的白山山脉上。这块似侧脸的巨石，被称作"山中老人"。作者霍桑就是以此为背景，创作了这篇小说。

马萨诸塞州是美国移民史中历史最悠久的地区之一。1620年9月，五月花号从英国普利茅斯出发，原定目的地是弗吉尼亚殖民地，最终却抵达了美洲大陆东北部。他们以当地原住民语"很大的山坡地"为此命名，称其为马萨诸塞。船上大部分的成员是为避开英国宗教迫害、追寻信仰自由的清教徒，美国历史上称他们为"朝圣者之父"，并认为他们是建国始祖。其实在他们抵达以前，早就有人为了黄金和土地迁居北美，但美国人并不把他们视为"始祖"。

船上其中的四十一名男性，为建立新政府签署了《五月花号公约》，后来成为其他殖民地的典范，被评价为美国自治宪法的首例。接下来的故事，就是我们在教科书或文章中经常看到的内容，"挨过第一个疾苦的寒冬，在原住民的帮忙下成功丰收。秋收之际，他们便邀请原住民一同庆祝丰收，其后原住民不再发起武装攻击"等温情满人间的故事，看似原住民们也非常尊敬建国之父，把他们视为圣者看待。

不过事实的真相是，五月花号抵达的前几年，当地因传染病猖獗，90%的原住民命丧于此，因此原住民和新移民间，根本无心为寥寥无几的经济作地发生冲突。

"朝圣者之父"定居后，便以波士顿为中心，在马萨诸塞州建立殖民地。脱离古板腐败的英国后，他们怀着对宗教的热情，期望建立一个全新的信仰共同体，将其取名为"新英格兰"。他们以投票制度决定国政，在当时属于非常先进的民主体制。其后开始建立教会、学校等公共建设，著名的哈佛大学就设立于此时。除了马萨诸塞州以外，从英国远渡而来的清教徒，也在罗得岛州、康涅狄格州等地建立了殖民地。

以美国建国初期历史为底蕴的《人面巨石》中，资本家"捞金先生"、独立战争的英雄"铁血将军"，以及总统候选人"老面石"，绝非偶然才住在同一个村落。这个地方原本就孕育出许多美国建国初期的知名人士。不过作者在这么多角色之中，为何选定谦逊的传教士欧内斯特成为伟人的代表呢？

> 欧内斯特的生活里，充满谦逊和反思，面容极为慈祥。他总是为周遭人伸出援手，不知不觉间，他成为一

位传教士，实现了自我理想。因此遇见欧内斯特的人或是听他传教者，都会受到非常深层的感召。

……欧内斯特不论对象贫富贵贱，总是诚心待人。……他把自己内心的想法告诉他的听众。言行如一的他，话中具有强烈的说服力，而且总是能将生活与思想融为一体。

这种从日常劳动和朴实生活中获得智慧，不忘神恩、知行合一的清教徒形象，长时间成为日后美国领导者的象征性形象。"WASP"是用来形容美国统治阶层的单字，取自"White Anglo-Saxon Protestant"中每个单词的首个字母，意指"白人盎格鲁－撒克逊新教徒"。这个词语用来指称作者的祖先，也就是当年搭乘五月花号前往美洲的信仰之父兼建国之父，同时也是朝圣者之父和其后从英国移居至此的白人新教徒子孙，他们至今仍是美国传统的主流统治阶层。

直到1920年为止，美国大企业大部分都掌握在他们手上。肯尼迪总统是爱尔兰大饥荒（又称马铃薯饥荒）时期移居美洲的爱尔兰后裔，同时也是天主教徒。在1960年肯尼迪当选前，美国历任总统清一色出身于"WASP"。

朝圣者之父的真相

但是这群为追寻宗教自由而远赴美国的清教徒和他们的

WASP子孙，对于其他人种或信徒，别说是宗教自由了，连生活自由都一概剥夺。他们掌控财经界，在美国呼风唤雨。1804年，作者霍桑出生于马萨诸塞州塞勒姆的某个清教徒家庭，他对死板的清教徒精神非常不满。

霍桑的曾祖父约翰·霍桑，是1692年塞勒姆审巫案（大规模女巫审判事件）中判决十九人处以绞刑的七位法官之一，而这件事终生困扰着他。因此他通过代表作《红字》，批判清教徒压抑人类的情感、愤怒、情欲的伦理及传统。

美国的建国史，当然不只受到清教徒宗教信仰的影响一同移民的。还有为了耕地，不惜借钱搭上蒸汽船前往美国的贫苦农民、英国遣送而来的囚犯、因人口买卖而来的非洲人、因爱尔兰大饥荒移民而来的爱尔兰人，以及为兴建铁道与教堂而来的中国苦力等，大量的新移民使美国人口激增，蓬勃发展。第一批前往美国的韩国人，也是在同一时期以廉价薪资远赴夏威夷农场劳动。

除了清教徒移民以外，许多自愿或被迫的廉价低质劳动移民也参与了美国建国。尽管如此，每当提到建国史，多数美国人仍然只会想到朝圣者之父虔诚的形象。对于历史不过短短几百年的美国来说，清教徒移民仿佛是神圣的建国神话。

但是美国的这种行为算得上诚实吗？在清教徒父母虔诚的信仰下，无数的孩子被取名"欧内斯特"，他们能够对得起自己的信仰和良心，成为"诚实的人"吗？小说中建国初期诚实的形象，和现在成为资本主义霸权的美国形象，不是天壤之别吗？现在的美国，更像是一味追求利益的"捞金先生"和只相信武力的"铁血将军"。为了祖国的利益派兵前往国外，打着外交之名、行荒唐之实，就像是油嘴滑舌、毫无真情的"老面石"。

结束一天繁重的工作，欧内斯特已经望着人面巨石好几个小时了。这种时候，人面巨石总会对他露出温暖的微笑，无声地回应着欧内斯特尊崇的眼神，并给予他鼓励。人面巨石的慈爱并不局限于欧内斯特，其他人看着人面巨石，也会有相同的感受。

不过我并非想否定清教徒的正面形象和霍桑的作品。"人面巨石的慈爱并不局限于欧内斯特"这句话里所包含的精神，是让我无法讨厌它的原因。清教徒名门世家出身的霍桑，不但不急于固守既有的势力，反而回头思考美国当时犯下的错误，希望能让一切回到最初的善意。

美国短暂的历史洪流，放大了伟人和英雄的地位。不过霍桑选择一位对人慈爱、恭谨谦和且知行合一的信徒作为真正的伟人，或许作者才是那位实践了人间温情的"诚实先生"吧！

注释

[1] 霍桑（1804—1864年），美国小说家，最重要的作品是长篇小说《红字》。

第四部　诡谲的童话故事，透露出不可忽视的秘密

印第安原住民也有人面巨石？

说到人面巨石，多数人会先联想到美国拉什莫尔山上的雕像。白人驱逐原住民、强占土地，还在拉什莫尔山上雕刻乔治·华盛顿、托马斯·杰弗逊、西奥多·罗斯福、亚伯拉罕·林肯的雕像，仿佛在宣誓白人才是美洲大陆真正的主人。

但距离拉什莫尔山约二十七千米、南达科他州布拉克山的某座山峰上，还有一座人面巨石。19世纪淘金潮开始前，布拉克山附近住着原住民苏族。当地挖掘出黄金后，便涌入大量的白人及军队。雕像主人公"疯马"为了守护领土，骁勇反抗白人，甚至于1876年一举歼灭卡斯特中校所引领的部队，史称小巨角战役。

随后回来报仇的联邦军立刻击败苏族，原住民遭流放至印第安保留地。此时，印第安人与白人间的紧张局势一触即发，甚至传言"疯马"正在计划叛乱。听闻风声的白人将军立刻逮捕"疯马"，进行调查，却找不到任何证据。后来"疯马"被告知自己将被遣返的消息，然而一切却只是白人的骗局，其实他正被送往禁闭室，"疯马"垂死抵抗，最后死于刀下。

数十年后，1939年，雕刻家柯扎克·吉尔诺斯

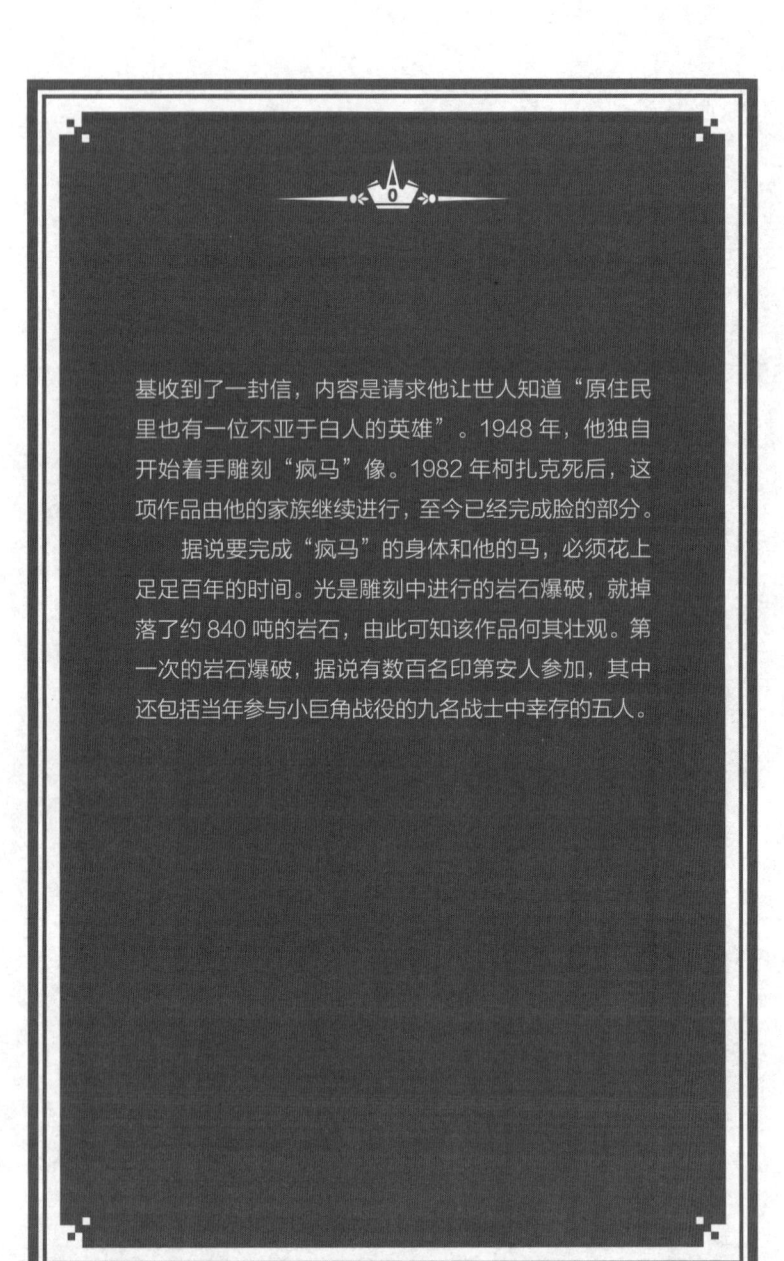

基收到了一封信，内容是请求他让世人知道"原住民里也有一位不亚于白人的英雄"。1948年，他独自开始着手雕刻"疯马"像。1982年柯扎克死后，这项作品由他的家族继续进行，至今已经完成脸的部分。

据说要完成"疯马"的身体和他的马，必须花上足足百年的时间。光是雕刻中进行的岩石爆破，就掉落了约840吨的岩石，由此可知该作品何其壮观。第一次的岩石爆破，据说有数百名印第安人参加，其中还包括当年参与小巨角战役的九名战士中幸存的五人。

现代寻母记,不断上演的悲歌

埃迪蒙托·德·亚米契斯
——《万里寻母记》(*Dagli Appenninialle Ande*)

万里寻母——作者不详

这部童话并非一本独立小说，而是收录在《爱的教育》中的一篇短篇小说。《爱的教育》除了小学四年级的少年安利柯一年的日记外，额外收录了九篇"每月故事"。

这些短篇故事多为真实事件改编，内容主要叙述来自意大利各地爱国少年的事迹或他们实践孝道的故事，《万里寻母记》就是其中一则。

《万里寻母记》是五月日记后的每月故事，原著名称直译为"从亚平宁山脉到安第斯山脉"。主角为寻找母亲从热那亚前往阿根廷，因此取用意大利与南美洲著名的山脉为名，以显示这趟旅途的长途跋涉之艰。

1866年，意大利人为何举家前往阿根廷？

住在热那亚的马尔科，因为前往阿根廷工作的母亲突然断了音讯，便代表家人只身前往阿根廷寻找母亲。

他远渡大西洋，历经漫长的航海，终于抵达母亲在布宜诺斯艾利斯的家。不料她却已搬家。马可走过科尔多瓦与德库曼，四处打听母亲的消息。途中他受过意大利人的帮助，搭过货车，一个人走在伸手不见五指的路上，历经千辛万苦终于见到了母亲。

不过妈妈却生病了，她失去求生意志，不愿接受治疗。但马可的意外出现，让妈妈重新决定接受手术。马可最终救了妈妈。

故事背景发生于1866年,意大利统一的第五年。先前分裂为几个独立国家的意大利,和其他欧洲国家一样,在中央集权政府下难有作为。神圣罗马帝国皇帝与教宗间的权力斗争,成为意大利发展的一大阻力,再加上当时还有法国频繁的干涉与侵略。

中世纪至近代初期,地中海贸易兴盛,意大利文艺复兴遍地开花,但是其后东地中海贸易受到奥斯曼帝国阻挡,各地城邦只能随之衰落,暗自神伤。所以该时期的意大利经济与西北欧经济相比,只能说是望尘莫及。

萨丁尼亚王国的首都设于意大利北方的杜林,虽比其他欧洲地区起步稍晚,但当时也已步入工业革命时期。反之,南部地区仍以农业及畜牧业为主,而且佃农的数量远多于自耕农,大部分的农民在缴纳地租后,实得收入根本所剩无几。居住于南方的意大利人,为找寻机会才大举迁移阿根廷、美国等地。此时还有比新兴国——美国更适合移居的地方吗?当时的阿根廷是排名世界第五的富国之一,因劳动力短缺,正积极接受新移民,所以马可的妈妈才会前往阿根廷打拼。

不过,《万里寻母记》是以意大利北方城市热那亚作为背景,父亲的职业也不是农夫,而是码头工人。但若要解释该时期意大利人移民的缘由,还是以南方的西西里岛来进行解释最为普及。接下来,我也会以意大利南部为主进行说明。

只能吃玉米的意大利农民

除了中国华侨和以色列海外犹太人之外，意大利的海外侨胞数是世界第三多。背井离乡的意大利人，大部分出生于贫苦的农村，他们齐心协力一起走过艰难困苦的移民时期，其间的互助精神是国际上有目共睹的。

"让我想想。这么多同胞之间，怎么可能凑不出三十意大利里拉呢？"

……

"跟我走！"

爷爷迈出步伐，马可紧跟在他后面。他们一言不发，走了好长一段路，最后伫足在一间小酒馆前，招牌就写在墙上——意大利酒馆。

"同胞们！"

"过来吧，孩子！"

……

"别担心，我们会想办法让你回到妈妈身边！"

……

伦巴底爷爷摘下帽子不到十分钟，就募集到了三十里拉。

意大利南部包括西西里岛，在古罗马帝国时期被称作"谷粮仓库"，是农作物丰收之地。就算农业隶属一级产业，倘若发展得宜，也不至于有如此多的人挨饿受冻，选择背井离乡。这样的情况究竟是怎么造成的？

18世纪后，地中海贸易退潮，加上谷粮无法顺利输入，造成意大利等南欧地区小麦价格大幅增长。地主为了获利，将小麦全部卖出，强迫农民在休耕地种植玉米作为食粮。从新大陆传入的玉米，单位收获面积是小麦、黑麦等作物的两三倍之多，价格更为低廉。在欧洲人口激增的18世纪，玉米成为庶民间重要的粮食。

另一方面，耕地是地主唯一的收入来源，地主在享尽荣华富贵的同时，地租也跟着水涨船高。贫穷的佃农们缴纳不合理的地租后，剩下的钱只够买玉米粉。走投无路的他们，只能吃一种叫做"波伦塔"的玉米粥。可是，每天只吃玉米，会引发一种可怕的疾病——糙皮病，其主要症状为皮炎、腹泻、痴呆。

糙皮病的主要成因是缺乏维生素B中的烟碱酸，只要吃些玉米以外的肉类、蔬菜或水果，就不足以致命。然而极度贫穷的意大利农民，根本负担不起其他食材的费用，每天仅摄取玉米粥，导致当地的发病率比起其他进口玉米的南欧地区高上许多。根据统计，大约在1871年时，意大利糙皮病发病率达到巅峰，正好与意大利海外移民潮相符。

从未停止寻找母亲的"现代马可"

20世纪初，糙皮病早已从欧洲消失，不过它却跨过大西洋，重新流窜于美国。解放奴役后，黑人成为劳工及佃农，营养状态却远不如身为奴役的时候。20世纪末至今，糙皮病仍流行于非洲地区。

现在的非洲农民，当然也是因为食用廉价的玉米生糙皮病。不过他们的贫穷并不是他们的错，而是地主与跨国食品公司所犯下的错误。认真努力工作的他们，得不到应有的报酬，孩子的母亲就像马可的妈妈一样，为了工作只能离乡背井，远渡重洋。他们的孩子至今仍会哭闹："妈妈在哪里？我想妈妈！"他们的悲歌仿佛《万里寻母记》的故事，孩子们只能吃着玉米粥，哭闹到睡着。

非洲、菲律宾或世界上某个角落，仍不断重演《万里寻母记》的情节。不管是当年还是现在，社会都没有改变。一本好的童话，穿越古今，让我们看见现实。因此我想通过《万里寻母记》，告诉大家"现代马可们"的故事。

为什么印第安人不会得糙皮病？

玉米传入欧洲后，糙皮病开始流行，但是在玉米产地、土生土长的中美洲原住民，为什么不会得糙皮病？

糙皮病是缺乏维生素B中的烟碱酸所引起的病症，美国原住民以传统的料理方式解决了这项营养缺乏的问题。他们会将玉米粒泡进由贝壳粉磨制而成的生石灰里，至少三十分钟，再把玉米磨成粉，揉成面团，做成墨西哥薄饼。吸收生石灰的钙质后，玉米中特定的氨基酸比例会产生变化，并可强化烟碱酸，因此以玉米为主食的他们，并不会得糙皮病。将玉米带入欧洲的欧洲人，鄙视这种料理方法，称其为"野蛮人的料理法"，结果带来糙皮病，造成无数人死亡。除此之外，中美洲的原住民除了玉米以外，也摄取许多蔬菜，跟贫苦的欧洲农民和美国黑人不同，因此不会发生缺乏维生素的病状。

龙龙与忠狗的眼泪

奥维达[1]
——《佛兰德斯的狗》（*A Dog of Flanders*）

龙龙与忠狗——作者不详

第四部　诡谲的童话故事，透露出不可忽视的秘密

距离小学看的卡通《龙龙与忠狗》，已经有三十年之久了。记得有次跟朋友回忆时，朋友说最后一集龙龙死的时候，他泣不成声。隔天到了学校，每个人都在讨论自己哭得有多惨。说完之后，朋友突然用一副"那你呢？"的表情看着我，但是我怎么努力回想，都想不起自己是否哭过，只记得当年对好多事好奇不已。

首先，我非常好奇佛兰德斯的狗到底是哪个国家的狗？我翻遍世界地图，就是找不着佛兰德斯这个国家。既不是要把它送进军营，也不是让它成为国家足球队代表，年幼的我怎么会如此好奇一只狗的国籍呢？龙龙和阿忠一同蒙主宠召的那幕，我也是百思不得其解。龙龙看着景仰大师的作品没有留下遗憾，幸福地死去，不过什么都不懂的狗狗，为什么也要一起死呢？还有龙龙崇拜的画家彼得·保罗·鲁本斯到底是何方神圣？名画为什么不挂在美术馆，而是挂在教堂呢？

现在就让我来解答这些沉睡三十年的好奇吧！

"佛兰德斯"到底属于哪个国家？

龙龙父母双亡，因此他跟外公耶汉·达斯住在一起。某次在路上，狗狗阿忠被发酒疯的主人打到垂死，抛弃在路旁，龙龙因缘际会救了它。身体复原后，阿忠为了报恩，总会帮外公拖着送牛奶的货车，于是龙龙与阿忠开始每天早晨一起送牛奶。

具有画画天赋的龙龙，曾为好友小莲画画。小莲的

父亲罗杰斯是富有的风车磨坊主人,他非常讨厌龙龙。外公过世后,龙龙因积欠房租被赶出家门,加上美术大会参展作品落选,龙龙陷入绝望深渊。无家可归的他,无力地走在街上,却意外捡到了钱包,里头装着罗杰斯的全部财产。龙龙拿着钱包物归原主,并把阿忠寄养在罗杰斯家中,但阿忠却从新家一跃而出,追上龙龙。

龙龙坐在教堂的地板上看着鲁本斯的画,他与阿忠紧紧相拥,仍敌不过酷寒的冬季,从此永远沉睡。隔天早晨看到这幕的人们纷纷落下眼泪,懊悔当初错待龙龙。

佛兰德斯的狗,与韩国的珍岛犬[2]一样,是佛兰德斯地区特有的名犬。佛兰德斯的地域范围随着时代推衍不断改变,其名称是从当时统治该区的弗兰伯爵而来。

当时,佛兰德斯的领土包括现在的法国北部、比利时西部与荷兰西南部。紧邻北海的地理位置,使该地成为前往北欧与地中海、英国与德国的交通枢纽。位于重要位置的佛兰德斯,战事接连不断,领导者时常变动。独立以前则是由西班牙的哈布斯堡王朝统治。

故事中龙龙的外公之所以是荣誉军人,与当地频繁的战事有关。故事里,作者陈述佛兰德斯隶属西班牙,因此当地有许多黑眼珠的人种,借此道出该地区悲痛的历史。因此不管卡通还是故事书中,龙龙都是金发蓝眼的日耳曼人,小莲则是有着棕发黑眼的拉丁人。小莲家世显赫的原因,也许跟他们属于西班牙人种有所关联吧!

当时，西班牙统治者强迫现在的荷兰与比利时地区信奉天主教，且课以重税。16世纪，荷兰在奥兰治的威廉三世的带领下独立。其后于1830年，天主教信徒众多的比利时，才脱离新教国家荷兰，宣布独立。因此佛兰德斯的狗，算是拥有比利时血统。

《佛兰德斯的狗》第一页写道："他们住的茅房距离安特卫普约五千米远，位于佛兰德斯地区的边界处。"而安特卫普现在隶属于比利时。就算小莲穿着木屐、提着郁金香，具有深刻的荷兰少女形象，佛兰德斯仍不属于荷兰，而归比利时所有。

无法摆脱的贫富差距

"法兰绒"取名于佛兰德斯，当地以毛织品远近驰名。佛兰德斯以毛织品产业出发，逐渐发展成国际贸易的中转站，是资本主义发展非常早的地区。鼓励发展经济活动的卡尔文主义，也是推动资本主义发展的一大功臣。

从龙龙每天送牛奶至五千米远的大城市安特卫普，可以看出当时都市化程度相当高。牛奶、花、蔬菜等产业，都聚集于城市近郊。当地跟其他生活很贫困的欧洲农村不同，贫富差距非常大。从小莲的爸爸讨厌贫穷的龙龙，就可略知一二。

龙龙和阿忠死后，懊悔不已的小莲父亲与美术大会评审，仿佛是作者对当时社会的强烈批判。作家也许是爱狗人士，比起龙龙，阿忠的部分包含更多的社会批判。

跟阿忠同品种的狗儿，几百年来都是佛兰德斯的劳动犬。它们是奴役中最可怜的奴役。在离世之前都逃不过人类的魔掌，出生就带着悲惨的命运。

宗教战争让画家生意不断

安特卫普的人们现在才送上迟来的关怀。但对他们而言，与其活在世上受苦，死亡更加幸福。这个没有爱与信任的世界，夺走了一位相信世界的少年和为爱忠诚的狗。

少年将狗紧紧拥在怀中，没有人能将他们分离。村民祈求上帝的原谅，将龙龙与阿忠葬在一起，一辈子不分离。

上述是故事的结局，场面非常哀伤。不过，龙龙死前从鲁本斯的画中得到了幸福，因为梦想成为艺术家的龙龙，愿望之一就是亲眼看到鲁本斯的画。

当时的建筑与艺术，因受到贵族与资本家大力资助，正处在蓬勃发展的时期,历史上甚至将其单独称作"佛兰德斯画派"。那么，佛兰德斯画家们马不停蹄创作的原因是什么呢？首先，经济发达使得订单量增大，当人们有闲钱，就会用以支持艺术。加上当时的艺术品并不像现在这样用来投资，而是具有实质用途。王族、贵族等富人将其挂在墙上，作为家庭装饰之用；教会则是为了向多数的文盲信徒宣传教义，所以经常订购图画或雕刻等作品。

造成艺术作品被大量订购还有一项重要的历史因素。当时战争引起的破坏接连不断，导致诸多作品必须大量重新绘制。特别是1618—1648年，欧洲宗教战争中最惨烈的三十年战争，此时与鲁本斯的全盛期正好吻合。

在新教徒与旧教徒的拉锯中，反对偶像崇拜的新教徒大量掠夺及破坏天主教教会的艺术品。名誉扫地的天主教大本营罗马梵蒂冈，为了恢复威信，与阿尔卑斯山以北的宗教改革抗衡，进而推动反宗教改革运动，巴洛克艺术就是发源于该时期。罗马教皇、意大利贵族、支持天主教的西班牙哈布斯堡王朝，争先恐后订购规模与格局惊人、装饰铺张华丽的宗教画及人物画，以宣示天主教的存在。

龙龙死前所看的《上十字架》及《下十字架》皆出自鲁本斯之手，这两幅作品以其强烈的构图闻名。不过作为宗教画，耶稣过于发达的肌肉线条为其增添了几分诡谲。鲁本斯夸张的画风，主要是为了强调天主教的力量，这两幅作品其后也成为巴洛克艺术中的巨作。

鲁本斯的作品，至今仍可在安特卫普的圣母主座教堂中看到，教堂前还有一尊鲁本斯的铜像。当年鲁本斯在家中盖了作业厂，雇用大量助手，仿佛工厂般大量接单生产。由此看来，鲁本斯算是沾了宗教战争之光。当然，他作品中优秀的艺术性质也是不容忽视的重点。

《上十字架》——彼得·保罗·鲁本斯

　　龙龙脸上泛着泪光，望眼欲穿地盯着那幅被布巾盖住的画像，小声地告诉阿忠："我太穷了，付不起钱看画，真是太悲伤了。阿忠啊！鲁本斯创作时，应该没有说穷人不能看这幅画吧！他应该希望任何人都能欣赏他的画作吧？竟然用布巾盖住画像……盖住这么一幅美丽的画像！在富人掏钱以前，它都被锁在黑暗之中，不被任何人看见。如果有生之年可以看到这幅画，我死也无憾。"
　　龙龙的愿望不可能实现，对阿忠而言更不可能。这幅伟大的画作是《圣母升天》和《下十字架》。想观看画作，就必须支付银币给教堂。像龙龙和阿忠的情况，要赚到足够的钱，比登上教堂尖塔还难。

进到安特卫普的圣母主座教堂，你会先看见祭坛正后方的《圣母升天》，接着两侧则是《上十字架》与《下十字架》。退到祭坛后方，抬起头就可以看到四十三公尺高的穹形天花板上还有另一幅《圣母升天》。现在想进去教堂参观的观光客，必须支付两欧元，就像当年的教堂一样。这座哥特式教堂的尖塔高达一百二十三米，对龙龙和阿忠来说，登顶真不是件简单的事，赚钱说不定还比较容易一点吧！

注释

[1] 奥维达（1839—1908年），英国小说家。

[2] 因韩国全罗南道珍岛郡的特殊地理环境，而被保存下来的纯种犬种。

足球与国家历史

佛兰德斯的比利时足球队,跟韩国的足球队一样,都有"红魔"的称号。话说到这,顺便讨论其他国家队的别称由来吧!

荷兰队的绰号是"橘子军团",因为他们的制服是橘色的。不过不出产橘子的荷兰,为什么要穿橘色的制服呢?因为荷兰目前的王室是威廉一世(奥兰治的威廉)的后代,而奥兰治的祖先,原先是南法奥兰治公国的领主,该地区盛产橘子。

德国队的别名是"坦克军团"。原因是二战时德国的坦克军团突破法国东边的马奇诺防线(严格来说并非正面突破,而是从比利时方向进军突围);隔一年,隆美尔带领坦克军团,从北非方向大败英国坦克部队,才获得此名。但是,德国人本身并不喜欢外媒称呼他们为坦克军团,因为其关联到二战的历史责任。

意大利球队则是以意大利语"蓝色"的复数,取名为"蓝衣军团",顾名思义就是由蓝色制服而得名。这不是有点奇怪吗?意大利共和国的国旗上完全没有蓝色,怎么会以蓝色制服作为国家象征呢?其实是因为 1816 年,统一意大利的萨丁尼亚王国前身萨伏依

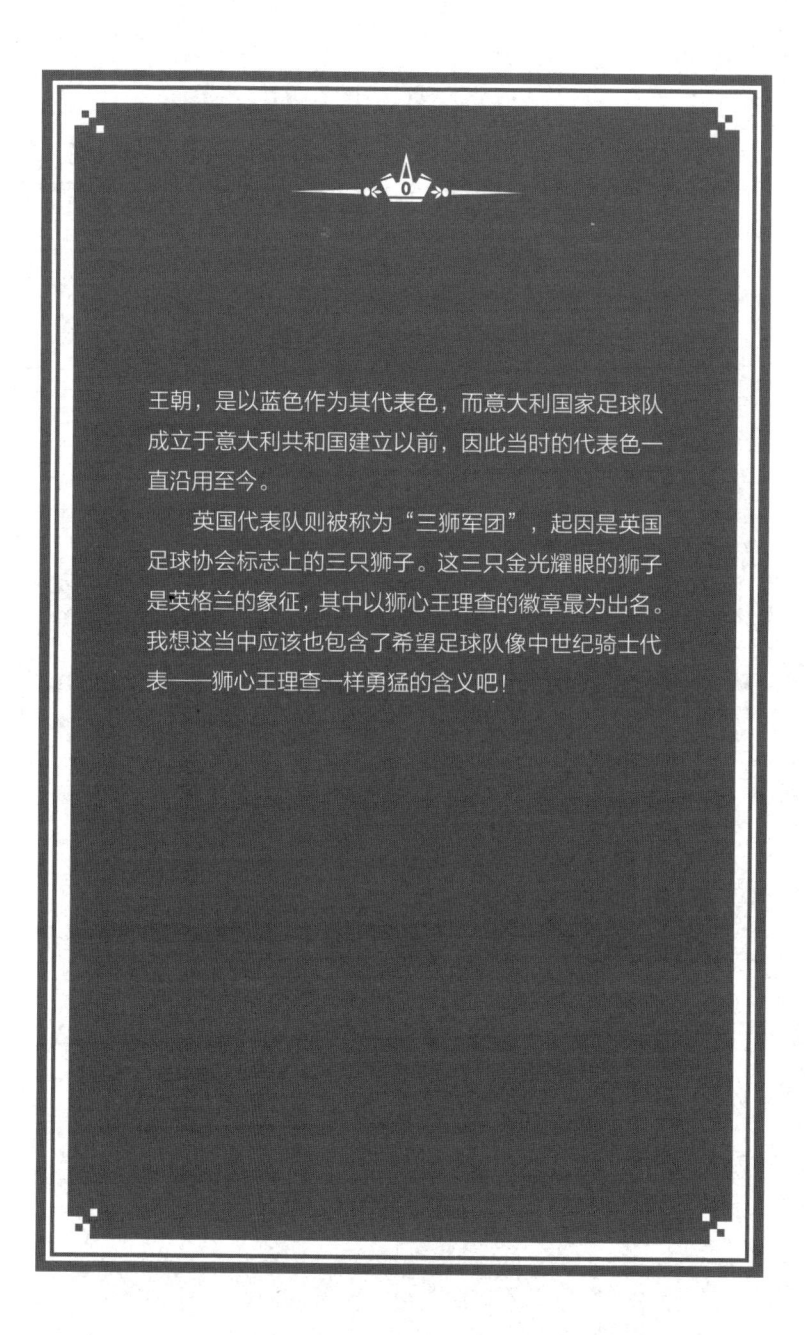

王朝，是以蓝色作为其代表色，而意大利国家足球队成立于意大利共和国建立以前，因此当时的代表色一直沿用至今。

英国代表队则被称为"三狮军团"，起因是英国足球协会标志上的三只狮子。这三只金光耀眼的狮子是英格兰的象征，其中以狮心王理查的徽章最为出名。我想这当中应该也包含了希望足球队像中世纪骑士代表——狮心王理查一样勇猛的含义吧！

安妮日记:纸比人更有耐心!

安妮·弗兰克[1]
——《安妮日记》(*Het Achterhuis*)

我回忆起 2004 年，去东欧波兰的奥斯维辛集中营之旅。公交车开进宽阔荒凉的稻田旁的停车场，乘客们拿着相机纷纷下车。然而当时的我不想参观内部，只想独自留在巴士上。艳阳高照的夏日，周围景观却依然阴森，我实在拿不出下车的勇气。最后因敌不过一个人待在停车场的恐惧，加上同行人不断劝行，我还是半推半就地下了车。

抬起头看到集中营门口高挂着"劳动带来自由"的纳粹口号，双脚却开始颤抖。这个地方，就是当年安妮被囚禁的地方啊！

震撼世界的少女日记

1942 年，住在阿姆斯特丹的少女安妮·弗兰克，十三岁生日时收到一本父亲送的红格纹日记本，孤单的她为日记本取了一个名字，叫做"凯蒂"。

纳粹占领荷兰后，在躲藏的两年间，她每天持续写日记。青春期的她，日记里除了躲藏带来的痛苦和害怕，也详细地记录了对母亲的叛逆和对同龄男孩的爱恋之意。1944 年 8 月 4 日，因邻居告发，让其藏身处曝了光，她与同住的其他人一起被捉进集中营。最后只有安妮的父亲在战争中幸存，他回到过往住处，从帮助他们的梅普阿姨手上收到安妮的日记，并于 1947 年出版。

安妮的梦想是成为作家，然而死后，她的日记将永远活在文学之中。安妮在 1942 年 6 月 20 日的日记上引用了俗语："纸比人更有耐心。"现在看来是正确无误的。

犹太人为什么会被迫关进集中营？自古到中世纪，歧视犹太人主要源于宗教因素。19世纪科学逐渐发达，有心人士利用遗传学和进化论大作文章，反犹太主义开始出现。他们认为犹太人是劣等人种，他们的存在会污染欧洲民族纯粹的血统。这种意识在欧洲迅速扩散，特别是德国，他们将第一次世界大战的败仗算在犹太人头上，借此安慰挫败的民族自尊。事实上，德国的五十五万名犹太人中，有十万人参与战事，但其中仅有一万两千名犹太人战死。然而德国社会早在希特勒掌权以前，就充斥着对犹太人的不满，为日后纳粹的大规模屠杀铺设了一座舞台。

德国财政困难，加上1929年从美国开始的经济大恐慌，社会陷入混乱之中。1933年，希特勒趁乱掌权。原先住在德国法兰克福的安妮一家，举家迁移至荷兰。1938年，养精蓄锐的希特勒攻占奥地利与捷克斯洛伐克，第二年再占领波兰。在德国的宣战下，英国与法国也投入战事，第二次世界大战正式引爆。

该时期，在希特勒与纳粹的统治下，迫害犹太人总共分为五个阶段：第一阶段是利用犹太人向德意志民族宣战的借口，在1933年4月展开犹太人抵制运动。第二阶段发生在同年9月，纳粹在全国党代会上公开"德意志帝国公民法与血统保护法"，也就是《纽伦堡法案》，犹太人开始在官方和法律上遭到歧视。他们失去公民权，不得跟德国人通婚，并遭到隔离。这条法案由希特勒亲自通过。接着，1938年末进入第三阶段迫害，犹太人的财产惨遭掠夺。第四阶段则与二战同时展开，犹太人被迫逐出家园，改以食粮配给制度，并禁止他们使用大众运输工具。严格的隔离措施，使他们几乎无法正常生活。1941年9月最终的第五阶段，要求犹太人佩戴黄色星星标志，开始大规模强制遣送及人种屠杀。

　　……1940年5月以后，好日子很少。战争爆发，荷兰投降，接着德国人就来了，再接着犹太人的苦难也来了。他们规定犹太人要佩戴黄色星星、交出脚踏车，不能搭电车和汽车。我们只能在下午三点到五点买东西，而且只能去"犹太人商店"。

　　晚上八点到早上六点不能外出，连家里的庭院也不行。不只如此，我们不能去剧场，不能去游泳、打网球，不能进出任何运动场所。犹太人小孩只能上犹太学校，不能和基督教徒当朋友，不准的事还有好多好多。

　　虽然安妮举家迁移荷兰，暂时逃过生死一瞬，不过犹太人的阶段性迫害仍逐渐笼罩安妮一家。1940年5月，希特勒打破中立国的约定，大举进攻荷兰。突如其来的攻击，使得荷兰在第五天就宣布投降。政府与王室逃亡英国，荷兰被德国接收。

　　一开始虽没有太大的变化，然而1941年，荷兰也开始了犹太人迫害行动。直到1944年德国解放荷兰，十四万名荷兰犹太人中，有四分之三遭到杀害或流放。安妮一家在1944年8月，离解放不久前被发现，被送至奥斯维辛集中营。目睹妈妈和姐姐的死亡，身心俱疲的安妮，辗转又被送至德国的贝尔森集中营。1945年3月，她因营养失调和伤寒死去。希特勒则于该年4月30日自杀，5月7日德国联合军宣布无条件投降。安妮的死真的太令人悲伤了。

历史真相带来的反思

阿姆斯特丹王子运河路 263 号是安妮的藏身之处。现在每年有超过五十万名观光客到访，想进去必须先排进长长的人龙，才能走进那间伪装成书桌的暗室，参观安妮躲藏的小房间，为她流下感伤的泪水。但是大部分的读者都不会到奥斯维辛集中营，参观他们被囚禁的地方。为什么？我想是因为既渴求了解二战纳粹德国的历史知识，却又怕内心无法承受吧！好比我在奥斯维辛集中营的停车场踌躇不前的心境一般。

2004 年，我进到奥斯维辛内部参观。变成展览厅的收容所内部，充斥着一股说不出的绝望，使我的双脚无法停止颤抖。看到那条用牺牲者的头发织成的地毯，我终于瘫坐在位置上，这比起《安妮日记》更令人冲击。我重新站了起来，走往收容所的另一栋建筑。照片上是吉卜赛女孩接受绝育手术的画面。骨瘦如柴的孩子，手臂上写着德语"军用品"的缩写。惨遭活体实验的吉卜赛孩子，只不过是"军用品"罢了。

在集中营的那天，我才了解到自己内心承受的极限。但我想自己并不孤独，应该有不少人和我一样，想了解二战时纳粹的蛮横和大屠杀，却又无法承受血淋淋的集中营记载和史料，所以才成为《安妮日记》的读者。从奥斯维辛回来后，先撇开书籍本身的价值不说，我认为这本书隐藏了很多我们看不见的真实，提供给读者一个恰到好处而不至于内心不适的间接经验。也许这就是《安妮日记》的副作用吧！

第四部 诡谲的童话故事,透露出不可忽视的秘密

1942年10月9日 星期五

凯蒂,今天有个坏消息。盖世太保[2]正在大举捕捉犹太人,用载牲畜的卡车把犹太人送进集中营。……被收容的人,连女生都要剃光头,再被送进毒气室毒死。

《安妮日记》里,她并没有实际接触集中营的现实与屠杀,对于纳粹的横行与战争的实况,是通过偷听英国电台和大人间的谈话而来。安妮被抓进集中营以前,也就是在她亲身经历之前,日记早已中断记载。这位想成为作家的女孩,把藏身暗室的生活描写得巨细靡遗,在狭窄空间中,以过人的文采写下人与人之间的冲突、青春期少女小鹿乱撞的初恋以及面对战争的些微恐惧,仅止于此。

活泼开朗的她,在极端的状况下仍不失求生的希望。我们误以为这样的她得以在奥斯维辛集中营存活下来。而《安妮日记》,可能让我们以为纳粹只对犹太人进行屠杀,忘了还有一群没有政府、无法对世界发言的吉卜赛人。他们居无定所,没有正确的统计数字。据说二战结束后,有一百万名吉卜赛人从欧洲消失。1935年通过的《纽伦堡法案》,不只针对犹太人,也同样套用在吉卜赛人身上。还有,我们也忽略了波兰人的遭遇。波兰的土地被用来建集中营,而且大约有两百万名波兰人惨遭杀害。

阅读《安妮日记》时,不只要看到安妮与其家人所历经的大悲歌,还要能够反思:为何历史上总是有一群人为了不合理的原因而草菅人命?说不定犹太人屠杀事件不过是人类内心共同隐藏的一种暴力,只是刚好在希特勒与纳粹身上爆发而已。

注释

[1] 安妮·弗兰克（1929—1945年），第二次世界大战纳粹屠杀犹太人事件中最著名的受害者。她在躲藏期间所写的日记被翻译成多国语言出版，也多次被改编成戏剧或电影。

[2] 纳粹德国时期的秘密警察，由缩写"GESTAPO"发音而来。

第四部 诡谲的童话故事，透露出不可忽视的秘密

纳粹为何让犹太人戴上黄色星星？

根据1941年9月1日下达的《德国犹太人识别标记条例》，六岁以上的犹太人若出现于公共地区，都必须将黄色星星中写着"犹太人"的徽章佩戴于胸前。

犹太人的星星，是由正三角形和倒正三角形组成的六角星星，犹太教中称之为大卫之星，意味着"大卫之盾"，象征"神的守护"。大卫王的儿子所罗门王，将大卫星作为犹太王朝的象征，至今以色列国旗上仍可看见其踪迹，却被纳粹拿来作为迫害犹太人的象征。

至于黄色则是源于中世纪开始的犹太人歧视。1267年，维也纳圣务院（基督教的最高立法机关）为了分辨犹太人，要求他们戴上黄色尖帽，后来才改为在衣服挂上黄色圆形的布料。亮眼的黄色，就是欧洲历史上歧视的象征色。

我亲爱的甜橙树,流淌贫穷的血泪

若泽·毛罗·德瓦斯康塞洛斯[1]
——《我亲爱的甜橙树》(*Meu Pé de Laranja Lima*)

第四部　诡谲的童话故事，透露出不可忽视的秘密

只要想到《我亲爱的甜橙树》，不禁一阵鼻酸，回忆起当年我哭着把书阖上的情景。儿时的我，总替泽泽家的情况感到伤心难过。另一方面，心中又充满疑惑。书里虽没有叙述泽泽家为何如此贫穷，但背后一定藏着什么秘密，只是当时的我没发现而已。

　　调皮捣蛋的泽泽，经常挨打受骂，不过他的内心非常善良。搬家后，所有的孩子都在庭院种了树，泽泽种了一棵甜橙树，替它取名为"米奇欧"。
　　爸爸失业后，妈妈与姐姐必须去工厂上班。圣诞节时，别说是礼物了，泽泽连一顿像样的晚餐都没有。泽泽讨厌贫穷的爸爸，却又非常后悔。后来他遇见一位有钱的葡萄牙叔叔，与其成为好友，他成为泽泽心中最大的安慰。这位叔叔却在一场车祸中丧命，泽泽因冲击太大而卧病在床。痊愈后，泽泽砍掉那棵甜橙树，他再也不是懵懂无知的孩子了。

以上是巴西教科书收录的国民小说——《我亲爱的甜橙树》的故事大纲。下面则引自于故事原文。

　　"所以说我们一家都是好人，为什么圣婴不眷顾我们？你去看福哈伯医生家的餐桌有多大，上面总放满了食物，维拉斯·波亚斯家也是，莱蒙德伯斯医生家就更不用说了。"
　　我第一次看到托托卡哥哥哭了：

"我相信耶稣出生在贫穷人家的马棚里，只是为了卖弄。在耶稣眼里，只有富人才重要。好了，别说了，再说会受到惩罚的。"

泽泽家为何如此贫穷？在基督教最重要的圣诞节，竟然没有火鸡，只有一块沾了葡萄酒的面包。小说中把原因归咎在父亲的失业上，但背后却好似隐藏了许多讯息。泽泽的同班同学也有家世显赫的孩子，村里的医生、葡萄牙叔叔也都是有钱人。为什么只有泽泽家如此贫困？让儿时的我泣下沾襟。

压榨与奴役，解不开的贫穷

我们经常在那里玩"糖面包山缆车"。糖面包山缆车是在绳子上串上纽扣的游戏，爱蒙德叔叔都说绳子是线。

糖面包山是巴西里约热内卢的一座山，这座山的名字隐藏着泽泽家贫穷的真相。

糖类是现代人口中"文明病与肥胖"的元凶，但在过去的欧洲，糖是与银等价的昂贵贸易品。当时葡萄牙人经过伊比利亚半岛与地中海，与北非的伊斯兰国家来往频繁，通过伊斯兰商人，才将热带地区的蔗糖传入欧洲。糖字的变化暗示了这段关系：糖在西班牙语是"Azucar"，在阿拉伯语则是"Alzucar"，与伊斯兰邻近的西班牙、葡萄牙几乎沿用了阿拉伯语，而距离伊斯兰较远的地区就变形较多，如英文的糖是"Sugar"。

西班牙找出甘蔗的培植法后，占领大西洋前方的加那利群岛栽种甘蔗，不过产量有限。因此16世纪以前，糖是非常昂贵的药材之一。17世纪，葡萄牙人在巴西的东北角海岸大量培植甘蔗，使糖成为大众化产品。西班牙人随后也立刻在西印度群岛种植甘蔗。不过，蔗糖工厂必须动用大量劳工，欧洲的侵略者们当然不可能荼毒自己人。他们虽想压榨当地劳工，但当时印第安人因欧洲人带来的传染病和残忍的劳动剥削，人口早已大幅减少。

此时，欧洲侵略者们把矛头转向非洲人，强押他们前往西印度群岛和巴西等地，而北美南部的棉花工厂同样压榨、奴役黑人。据悉，当时的糖被称作"白货物"，而奴隶则称作"黑货物"。特别是占领巴西的葡萄牙，因为找不到金矿，为了将利益最大化，便经营大面积的蔗糖农场，大量压榨黑人劳工。韩国社会课本上所说的"种植农业"，就是指当时这种大面积栽种。

西方人压榨黑奴或当地人栽种热带作物，将获利放进自己的口袋。因此甘蔗种植业发达的巴西，黑人人口及黑人混血比例远高于拉丁美洲其他地区，占总人口的45%。

17世纪，巴西成为世界最大的产糖地，泽泽住的城市因而出现那座以糖取名的"糖面包山"。这段历史导致巴西黑人与黑人混血的贫困问题至今仍无法解决。

五百年前统治者留下的困境

目前还在使用的"拉丁美洲"与"印度人"（此处指美洲原住民），我个人认为并不是太恰当。墨西哥以南的地区之所以被称为拉丁美洲国家，是因为早期他们属于西班牙与葡萄牙的殖民地。西班牙与葡萄牙属于南欧拉丁人种，他们的语言是拉丁语系的分支，而他们统治下的地区被称为"拉丁美洲"。

这个名称是拿破仑三世为强调南美地区的拉丁种族，动用学者创造的新用语，但是这个名称却无法反映出对历史贡献极大的黑人人口比例，因此部分学者主张，拉丁美洲应该更名为"拉非美洲"。

至于"印度人"的称呼又是从何而来呢？1492年哥伦布以为自己抵达的是印度，后来才发现该地是新大陆，才把原来的印度改名为"东印度"，称美洲大陆为"西印度"，因此各国在亚洲的贸易公司明明不在印度东边，也取名叫"东印度公司"，而美洲大陆的原住民，也就变成"印度人"了[2]。其后各国因母语发音而有些差异，英国人称美洲原住民为"印第安"，西班牙与葡萄牙则称之为"印第奥"。

来到拉丁美洲的西班牙与葡萄牙男性们，在伊比利亚半岛历经过与伊斯兰教徒的战争，使得他们民族意识极强，种族偏见非常严重。但由于现实或其他被迫的原因，他们会与美洲原住民女子结合，生出的混血儿被称为"麦斯蒂索人"，占巴西与西印度群岛人口的大多数。这些白人男性在事业稳定后，会再与白人女子正式结婚，他们生下的白人后裔被称为"克里奥人"，是现在拉丁美洲主要的统治阶层。白人和非洲人的混血儿则称为"穆拉托人",而美洲原住民与黑人混血则称作"桑博人"。如前文所说,巴西因蔗糖产业,非洲黑奴后裔占人口比例的多数。

19世纪以后,1821年至1822年间,受到美国独立运动和法国革命的影响,再加上不满祖国的干涉,拉丁美洲的克里奥人发起独立运动。此时正值发疯的拿破仑大举侵略伊比利亚半岛之际。本国发生战争后,对殖民地的干政相对松懈,拉丁美洲抓准时机,独立运动相对顺利地进行。

然而,手握兵权的克里奥人,掌控了新兴国家的权力,动荡的政治加上不平等的经济结构,使得拉丁美洲各国问题不断,至今仍无解决之道。克里奥人即便手上握有大面积的土地,仍持续掠夺贫穷混血儿的土地。无处可去的混血儿只好迁移至大城市周边,沦为劳工。过剩的人力导致城市低薪与失业问题不断。贫穷家庭的孩子无法接受教育,只能继续过穷困潦倒的生活。泽泽家的贫困就源于这样的历史渊源。

"可是你的皮肤很白,头发又是金色的。"

"那是因为我是葡萄牙混血。其实我妈妈是棕皮肤、黑头发的印度人。"

我觉得妈妈看起来很可怜。我甚至怀疑她是出生来工作的,到现在她还是不断在工作。妈妈从五岁开始就在工厂工作,她说那时候她还太小,连擦书桌都要爬上书桌才擦得到。她当然没上过学,连认字的机会都没有。

"是的,老师,多洛提拉比我还穷。因为她是黑人,又很穷困，所以其他孩子都不跟她玩。她每天都一个人蹲坐在角落。我把老师买给我的饼干分给她吃了。"

泽泽的妈妈是印度人，比泽泽更穷的多洛提拉是黑人。混血人种的贫困问题，归因于五百年前西班牙和葡萄牙统治者留下的历史与社会结构问题，在巴西和拉丁美洲其他国家不断发生。

拉丁美洲唯一使用葡萄牙语的国家

"孩子，你是世界上最胆大包天的人，竟敢直呼我为'葡仔'。"

"这样比较亲切嘛！"

泽泽总称忘年之交的葡萄牙人叔叔为"葡仔"，其实这是贬低葡萄牙人的称呼。中学世界史课本里，总会提到拉丁美洲除了巴西使用葡萄牙文以外，其余都使用西班牙文。难道拉丁美洲国家里只有巴西受过葡萄牙统治吗？

1492年哥伦布发现新大陆后，西班牙与葡萄牙争先恐后想取得殖民地的所有权。当时的教皇亚历山大六世于1493年站出来协调。以非洲往西约五百千米的子午线作为分界线，西边属西班牙，东边属葡萄牙。但是这项协调仅对西班牙有利，葡萄牙持续发表强烈的抗议。

因此一年后，1494年教宗将分界线往西移动约一千八百五十千米。这项条约在西班牙托尔德西里亚斯签订，被称为《托尔德西里亚斯条约》。条约签署后，巴西成为葡萄牙在拉丁美洲的唯一领地，因此至今巴西仍是拉丁美洲唯一使用葡萄牙语的国家。

回到正题，当泽泽与弟弟路易斯眼睁睁看着富有的白人家族坐上糖面包山缆车时，内心该有多难过？糖面包山，多么具有异国情调的名字，背后的历史却令人鼻酸。

注释

[1] 若泽·毛罗·德瓦斯康塞洛斯（1920—1984年），巴西作家，幼时清贫，曾从事过搬运工、拳击手、渔夫、小学老师等各种工作，二十二岁开始写作，著有多部小说，部分作品还被改编为戏剧。

[2] 哥伦布误将此地的土著居民称作"印度人"，后人虽然发现是错误，但是该称呼已普及，所以英语和其他欧洲语言中称印第安人为"西印度人"，在必要时为了区别，称真正的印度人为"东印度人"。

为什么南美洲有那么多的白人原住民混血儿？

为什么北美洲不像南美洲有如此多的混血儿？北美的白人大多是为了追寻信仰自由或工作因素，举家迁移至殖民地进行开拓。相反地，前往中南美地区的西班牙和葡萄牙人，多数是为了逆转人生的单身汉。

单身的他们，期望自己可以成功归国，或与本国女子结婚、一同移民，又或是和当地的白人女子通婚。因此他们多数不结婚，只压榨印第安女性，满足性需求。许多白人原住民混血儿就是在这个过程中诞生的。

另一个原因是南美洲的"监护征赋制"。殖民初期，西班牙王室授予当地西班牙人管理一定数量的原住民，并间接给予利益。受到王室委托的西班牙人必须保护原住民的权利，并有责任引导他们信仰天主教。相对地，他们可以免费使唤原住民从事劳动、农作或采矿等工作。在务农或为其劳动的过程中，原住民女性产生了与白人男子接触的机会，在半推半就或暴力威胁之下，诞生了许多麦斯蒂索人。

白鸽、许愿树、精灵和玻璃鞋
——来自世界的灰姑娘

夏尔·佩罗
——《灰姑娘》（*Cendrillon*）

格林兄弟
——《灰姑娘》（*Aschenputtel*）

灰姑娘——卡尔·奥夫特丁格

落叶纷纷飘散，

冬季漫长的夜，

我和母亲并肩齐坐，

听她诉说古老的故事。

我是怎么诞生的？

要听听看吗？

不要问吧。来日，

待我成为父母就会懂了吧？

——韩国诗人金素月《父母》

几年前，我偶然听到一首由《父母》改编而成的歌曲，一瞬间我感觉全身细胞倏地苏醒，这首歌迅雷不及掩耳之势地冲入我的身体，心头一阵狂热。我想起去世的外婆。小时候，外婆经常到家里来住，我总是跟她睡同一间房，听着外婆讲的故事长大。20世纪70和80年代，那时还分炕梢、炕头，冬天夜晚我坐在炕头剥着冷冰冰的橘子，听外婆说着精彩的故事。不管是故事里的人，还是说故事的外婆，又或是听故事的我，无一不使我惊奇。

岁月流逝，直到听到《父母》这首歌，才唤起我和外婆的回忆。回想起来，我的成长岁月算是幸运，同时经历过文字和影像、记录文学和口传文学的年代，借由各种方式听故事，乐在其中。

我听着最纯粹的西洋童话成长，成为故事改编前的末代读者，同时也是结合各国故事的世界名著第一代读者。20世纪80年代后，彩色电视上的世界名著卡通伴随着我长大，看到许多单靠文字难以想象的画面。基督教的娘家和佛教的夫家，让我同时经历《旧约全书》和《三国遗事2》的世界。想起来，我还真是接触过各式各样的故事。

现在的孩子被学校和补习班压得喘不过气，没有时间阅读，单靠手机和计算机接触世界。他们能和我一样从丰富多彩的故事中成长吗？现在影像故事多数过于偏颇，让我不禁为他们担心。连我现在要说的故事《灰姑娘》，当今能看到的也都是添油加醋后的版本。

灰姑娘存在的真意

灰姑娘，最早源自于中国唐朝笔记小说《酉阳杂俎》中的《叶限》，据说这则故事是从中国流传到西亚，最后才传入欧洲。不过目前为止，中国版本的说法只是传说，灰姑娘的起源与传播，至今尚无定论。

可以确定的是，欧亚大陆每个民族间都有不同版本的灰姑娘。包括有"韩国版灰姑娘"之称的《大豆红豆传》，全世界约有一千多个不同的灰姑娘故事，光是欧洲就有超过五百种版本，其中最具代表性的就是夏尔·佩罗版和格林兄弟版。

1812年，德国的格林兄弟发行的《灰姑娘》故事大纲如下：

"Aschenputtel"就是"灰姑娘"的意思。灰姑娘的生母过世后，她睡在灰烬上，每天被继母和两位姐姐呼来唤去。

灰姑娘在妈妈的坟旁种了一棵榛子树,每天以泪洗面,泪水灌溉了榛子树,使它长得又高又大。

她每天会到坟前祈祷三次,某天突然出现一只白鸽,实现了她的愿望。

某一年王子为了选妃而举办舞会。然而舞会当天,继母却把一斗豆子倒入灰烬中,要灰姑娘一颗一颗拣出来。

此时白鸽出现,灰姑娘与鸟儿同心协力,很快就将豆子挑完了。她回到榛子树前祈祷,得到了一件礼服和一双金鞋,便独自前往舞会。

王子对灰姑娘一见钟情,想送灰姑娘回家,她却趁机落荒而逃,换上原本的脏衣服,把自己藏起来。

舞会第二天,她还是逃走了。

第三天,王子在楼梯上涂了松脂,灰姑娘掉了一只鞋,王子便拿着那只鞋四处寻找灰姑娘。

姐姐们的脚太大,鞋子根本不合脚。继母为了让姐姐穿上,割去了姐姐的脚后跟。

穿上鞋子的姐姐差点就成为王子的新娘,所幸在白鸽的帮忙下,王子才终于找到灰姑娘。

王子并没有被她的衣衫褴褛吓到,而是立刻向她求婚。

灰姑娘结婚当天,姐姐们的双眼遭到鸟群攻击,最后变成盲人。

仔细看这一版《灰姑娘》，会发现里面充满疑点。首先，继母与姐姐的虐待，意味着兄弟姐妹争宠发生的剧烈冲突，如实地描绘出该年代的现实情况。实际上，当时因为死亡率极高，在继母膝下成长的情况非常普遍。灰姑娘全身沾满灰烬、衣衫褴褛的样子，仿佛象征了穿上寿衣戴孝的孝女。

从灰姑娘的内心世界来看，她是懂得自我安慰的女强人。在母亲坟旁的那棵愿望之树以及母亲灵魂幻化的白鸽，意味着孩子在成长期遇到困难时，母亲的爱与儿时美好的记忆，会成为孩子强大的力量。担心王子爱上的只是表面的美丽，她因此三度从王子面前落荒而逃。王子找上门时，灰姑娘毫不避讳地身穿破衣，站在他的面前。

即便割下脚后跟的姐姐们穿着再怎么华丽，王子对灰姑娘仍然忠贞不移，代表着内在美比外在美重要。在没有女性职场的年代，通过婚姻改变社会地位的故事，成为少女们对未来的憧憬和克服现实的力量。

教育普及以前，欧洲的孩子几乎没有接受文字教育的机会。除了宗教教育以外，几乎无法在其他教育机构里接受正规教育。他们大多从同住的父母或祖父母等周遭成年人身上学习。工业革命以前，父母大多在家中或家里附近工作，孩子与父母几乎形影不离。在那样的时代里，流传下来的故事成为孩子成长混乱期里的明灯，具有建立价值观的教育功能。

也就是说，原版的灰姑娘故事是为了告诉孩子们，在母亲逝世或受到不当待遇等状况下，应该如何克服困难、坚强成长，且故事的最后也清楚地描述了成长后会得到的补偿。因此灰姑娘的

"成长历程",才是原版故事想告诉我们的真理。

从毛皮鞋变玻璃鞋的金发少女

但是大众熟悉的灰姑娘版本并不具有教育功能,甚至让人担心会为少女们带来负面影响。现在让我们从法国作家夏尔·佩罗的《灰姑娘》开始说起。

1697年,法国人夏尔·佩罗集结各方古老口传故事,发行了《附道德训诫的古代故事》(副题为"鹅妈妈的故事"),里面收录了《灰姑娘或小玻璃鞋》(*Cendrillonou la Petite Pantoufle de Verre*)。该版本最大的特色就是那双玻璃鞋。民间故事中的毛皮鞋变成了玻璃鞋,究竟是夏尔·佩罗的失误、误解还是故意,众说纷纭。总之,比起原先那双毛皮鞋,玻璃鞋为童话添加了更多的幻想。

然而夏尔·佩罗笔下的灰姑娘,是全世界众多灰姑娘中依赖性最高且最软弱的灰姑娘。在精灵出现替她解决问题前,故事中的灰姑娘只顾着哭泣,什么都不做。离开舞会、避开王子的视线,都不是经由灰姑娘的主观判断,而是精灵规定她午夜时分必须回到家中。她在精灵的嘱咐下换回原本的衣裳,却还是战战兢兢生怕谎言被揭穿。

连王子出现的时候,她都没有以衣衫褴褛的样貌出现,而是由精灵为她换上华丽的衣裳。王子一眼认出美丽的灰姑娘,才向她求婚。

如此一来,原本灰姑娘的美德不就荡然无存了吗?

灰姑娘的原始魅力，就在于孤苦无依的女孩从逆境中成长，并找到自我，最后功成名就的故事情节。然而夏尔·佩罗的《灰姑娘》，创造出过往不曾有的玻璃鞋、精灵奶奶、老鼠侍从等幻想元素，把真正重要的寓意抛诸九霄云外。

而且这部变化最大的法国版灰姑娘，却成为世界上最著名的灰姑娘。1950年，迪士尼改编了夏尔·佩罗的《灰姑娘》，发行了长篇动画《仙履奇缘》，灰姑娘从原本的名字，更改为英文"Cinderella"（辛德瑞拉）。

英国画家弗雷德里克·霍尔画中的灰姑娘，也属于勤勉工作的纯朴农家少女。格林兄弟的童话集里，隐藏了德国知识分子期望国家统一、富强的憧憬。为了下一代的教育，德国童话里传达

弗雷德里克笔下的格林兄弟版灰姑娘

给女孩们的不是懦弱无能的公主,而是健康勤奋的女性魅力。

然而面红、手粗、充满女性美的日耳曼少女,在迪士尼动画里,却变身为纤细柔弱的金发公主。加上美国的引领,使她成为世上独一无二的灰姑娘代表。那位坚守职责、积极乐观的少女,从此消失得无影无踪。剩下的只有坐享其成、凡事靠别人帮忙的"灰姑娘情结"而已。

找出散落世界的灰姑娘

男孩从出生开始,就接受养成独立意识的教育。然而女孩却只学到一条既定的人生道路——等待某时、某刻、某人的营救。这种如同童话故事般的思想,根深蒂固地烙印在我们的脑海里。

其实,女性也可以为自己做决定,可以上学、工作、旅行,也可以赚大钱。然而处事时,女性坚强独立的一面却经常遭到局限。

出现在她们脑海里的,只剩下儿时被灌输的童话。女性们相信只要坚持,一定会出现某位王子,把她从生命的彷徨中救出(而男孩们学到的是"只有自己能救自己")。

——出自柯莉特·陶琳《灰姑娘情结》

1981年,美国作家柯莉特·陶琳借由童话角色灰姑娘,发行了《灰姑娘情结》一书,探讨女性对独立的恐惧。灰姑娘从此转为负面的女性代名词，用来指称那些不努力、只等着白马王子带自己逃离现实来改变人生的女性。

电影或连续剧里，至今仍不断上演着相同的情节，而这些故事的起源，就是来自于迪士尼和夏尔·佩罗的灰姑娘。

我们可以从格林兄弟的灰姑娘中，体会原版故事隐含的共同寓意——不为现实所屈服，韬光养晦，最后总会得到锋芒毕露的机会。对生命永怀希望，勇往直前。至今在西欧，不论书籍或戏剧，只要拥有这种精神的人，不管男女老少，都会被称为"灰姑娘"。

拥有共同主轴的口传故事，本来就会因为时代和地方差异而产生诸多版本。不过如今在全世界的孩子眼里，只存在着迪士尼与夏尔·佩罗的灰姑娘。这种现象就像麦当劳统治世界，影响孩子的饮食和思考，诱发肥胖问题一样，非常危险。扼杀了孩子体会故事多方面的解析与成长的权利。

希望大家能够欣赏各个民族间不同版本的灰姑娘。这当中不仅能看出该时期的历史与社会背景，还能影响后人的世界观与价值观。

千万别让自己陷入灰姑娘情结，只接触没有寓意的版本。我们每个人都有遇见其他灰姑娘的权利，也有权利通过不同的故事来了解世界，一同成长。

注释

[1] 韩国传统使用火炕取暖，炕梢指火炕末端较不温暖的地方，炕头指前端较为温暖之处。

[2] 由高丽时代国师一然所编撰，以新罗、高句丽、百济三国为记述对象的史书。

《大豆红豆传》不是韩国的传统童话？

灰姑娘的故事，在欧亚大陆有超过一千种的版本，然而在非洲、大洋洲、美洲却没有她的踪迹，有的只是帝国主义侵略时，西欧传教士传入的版本与当地民间传说结合的故事。

《大豆红豆传》被称为韩国版的灰姑娘。原著中大豆遭到继母虐待，一双绣花鞋证明了她的身份，最后结婚，过着幸福的日子。前半部和欧洲的灰姑娘故事如出一辙，然而后半部却相差甚远。大豆虽通过考验和县令成亲，却掉入红豆的陷阱，失去了生命，最后她重新复活，向红豆和继母报仇。这是灰姑娘里没有的桥段。大豆为了报仇，用红豆的尸体腌制酱料，再将其寄给继母的剧情，和中国、越南、日本等亚洲地区的"灰姑娘"较为相似。

韩语文学界认为，大豆红豆的故事具备东亚地区故事的共同要素，并在传统故事《蔷花红莲传》的继母角色上，结合了开化时期传入的灰姑娘故事。因此，《大豆红豆传》也许不是纯粹的韩国传统童话故事。